LOS SÍMBOLOS EN EL PRINCIPITO

(Aproximación a una lectura
del cuento de Saint-Exupéry)

ExLibric

TOMÁS RAMÍREZ ORTIZ

LOS SÍMBOLOS EN EL PRINCIPITO

(Aproximación a una lectura
del cuento de Saint-Exupéry)

Prólogo de Emilio González Ferrín

EXLIBRIC

ANTEQUERA 2014

TOMÁS RAMÍREZ ORTIZ

LOS SÍMBOLOS EN EL PRINCIPITO

(Aproximación a una lectura
del cuento de Saint-Exupéry)

Sobre las ilustraciones

Estas imágenes ilustran una visión personal del universo simbólico del principito, en ellas se han desarrollado ideas que han surgido a lo largo de la lectura o como consecuencia de la experimentación formal. Después del trabajo realizado me he dado cuenta que la potencia simbólica de Saint-Exupéry es extraordinaria, dando posibilidad a múltiples y diferentes interpretaciones sin que estas resulten contradictorias. Así pues, estos trabajos son una interpretación que puede dar pie a otra interpretación a su vez.

Referentes artísticos

Hemos elegido como base del trabajo y fuente de inspiración las obras gráficas de los artistas alemanes John heartfield (1891-1968), George Grosz (1893-1959) y el valenciano Josep Renau (1907-1982) por su gran carga simbólica y potencia expresiva.

La portada

La portada trata de recoger de una forma poética el universo simbólico de *El Principito*. La soledad de las personas y la frialdad de su existencia, la misma soledad que empujó al Principito a iniciar su viaje. Intento expresar este sentimiento mediante el fondo azul oscuro, que será el hilo conductor de todas las ilustraciones que aparecen en el libro, este color que representa el universo, puede tener un doble significado; por un lado la soledad y por otro la esperanza y la posibilidad que nos ofrece este espacio para saciar la necesidad de conocimiento. En cada planeta y cada estrella existe la oportunidad de aprender cosas nuevas y vencer la soledad.

En la parte central de la imagen aparece un planeta con un baobab, estos dos elementos, condensan gran parte de la carga simbólica del relato. En apariencia simple y sin embargo compleja. El planeta puede significar los rasgos arquetípicos del individuo y el baobab la diversidad del ser humano. En definitiva, esta contraposición no hace más que mostrar la esencia humana, pues la mezquindad y el anhelo de un mundo mejor pueden anidar en la misma persona.

Patrón seguido en las ilustraciones de arquetipos

A lo largo de estas ilustraciones podremos observar unas pautas generales que se repiten en todas las imágenes. Estas pautas consisten principalmente en la trasformación de la figura humana. Mediante la sustitución de las partes del cuerpo que muestran la identidad individual, conseguimos la despersonalización. Proceso, este, necesario para describir un arquetipo. Sobre esta figura hibrida podemos proyectar de forma eficaz elementos ajenos a la persona que refuerzan la simbolización de actitudes o circunstancias que representan más la colectividad que al individuo. En cuanto al fondo donde se muestran las figuras podemos advertir, que son planetas yermos o con poca vegetación que en cada caso vendrán a reforzar la expresividad simbólica de cada situación. Luego está el espacio, como dijimos anteriormente, con una doble significación; soledad vs búsqueda y esperanza.

El soberano

En esta ilustración aparece un trono con una figura humana en la cual ha sido sustituida la cabeza y las manos por una moneda y unas manos decrepitas, el traje aparece adornado por una correa de balas para sustituir la típica banda real y vemos que las proporciones del cuerpo están alteradas. En el fondo podemos observar una imagen velada de un billete de dólar norteamericano, en el aparece la famosa frase, "*In God we trust,* En dios creemos". Esta imagen intenta hacer una mirada crítica al concepto de monarquía.

El planeta en el que se apoya el trono se nos muestra arrasado, un erial yermo. Este elemento contrasta fuertemente con el trono que nos revela la opulencia y riqueza del monarca. Contrapone riqueza vs pobreza. El trono se erige sobre la tierra arrasada, expresión de desigualdad. La riqueza de una minoría se sustenta en la miseria de una mayoría. Como dijimos anteriormente, la cabeza aparece sustituida por una moneda, esta representa el poder económico, los poderes reales de la monarquía. También vemos la cartuchera que rodea el tronco, este elemento nos muestra donde reside la "legitimidad" del monarca: la violencia de la que es capaz el sistema, aunque solo se muestre cuando se ve amenazado. La suntuosidad del trono y las manos decrepitas muestran la estructura real de la monarquía, una institución obsoleta y caduca. El tamaño del cuerpo del soberano subraya la altura moral y ética del personaje, inspirándose en la famosa escena del *Gran Dictador*, 1940 (Charles Chaplin) donde, el dictador hace patente su complejo de inferioridad poniendo una silla más alta para recibir a un jefe de estado tan patético como él. Por último la veladura del billete del dólar, muestra la verdadera creencia de esta institución, el poder del dinero.

El presuntuoso

En esta imagen se puede observar una figura humana con cabeza del pavo real, esta figura aparece cortando una cinta de inauguración. Alrededor podemos ver un rebaño de ovejas que pacen tranquilamente. Entre ellas en segundo, tercer y cuarto plano, aparecen unos espejos y un atril.

Con la sustitución de la cabeza humana por una de pavo se quiere hacer una alegoría de la presunción, el pavo con su suntuosidad y su forma de caminar puede definir eficazmente este comportamiento. El resto de de elementos viene a reforzar y a definir matices que ayudan a definir la idea. ¿Por qué aparece la figura humana cortando una cinta de inauguración? Este acto expresa claramente la necesidad de protagonismo que necesita el presuntuoso, necesita ser el foco de atención en todo acto, necesita ser el centro.

A continuación vemos una sinergia clara entre las ovejas y el atril de discursos, esta relación muestra la necesidad que tiene el orador mediocre y fanfarrón de un público acrítico y adulador para resaltar sus falsas cualidades sobre la mediocridad imperante. Por último están los espejos, elementos necesarios para mostrar la necesidad de todo presuntuoso de admirarse de forma narcisista.

El beodo

Aquí podemos distinguir diferentes elementos que articulan la ilustración. En primer plano aparece una concha que contiene una figura humana con ropajes de vagabundo yaciendo sobre un montón de redes de pesca. Las manos están sustituidas por un amasijo de bollas y redes, y como cabeza una botella. Todo este conjunto de elementos aparece sobre una duna de arena.

Esta imagen hace una reflexión sobre el alcoholismo. Se conjuga por una parte la soledad y el aislamiento expresado por la duna de arena, por otra, la concha representa la incapacidad de ver más allá y de sentirse encerrado en si mismo. Y por otra, las redes y la botella que quiere expresar la complejidad de esta dependencia. En el alcoholismo las personas pierden toda autonomía. Las redes representan esa incapacidad de reacción, se establece un paralelismo entre las redes de pesca y la tela de araña que inmoviliza a todo aquel que caiga en ellas. Además de esto, la botella quiere representar la deriva y el desasimiento del personaje, como la botella que flota en alta mar sin un destino definido. Por último, la figura aparece vestida con ropa sucia y raída, metáfora de la degradación a que se ve sometida.

El hombre de negocios

La ilustración está compuesta por una jaula "pecera" en la que aparecen tiburones custodiando un montón de monedas, fuera podemos ver unos escalones con forma de dólar que simula una entrada. Subiendo por esta escalera aparece una figura humana transformada en la que se ha sustituido la cabeza humana por una de cuervo y las manos por unas garras de águila. Todo esto se sustenta sobre una tierra resquebrajada y reseca. La figura hibrida sujeta un maletín con una de las garras.

Esta imagen representa las características del arquetipo del hombre de negocios. "Trabajando únicamente por los bienes materiales edificamos nuestra prisión". "Cualquiera que lucha con la única esperanza de los bienes materiales, en efecto, no cosecha nada que valga la pena… La prosperidad y las comodidades no bastarían para colmarnos" (C.D). Esta es la síntesis de la imagen. Esta, está articulada sobre el elemento de la pecera-jaula que condensa todo el significado simbólico del arquetipo, los bienes materiales están representados por los montones de dinero y estos a su vez están custodiados por tiburones que simbolizan la voracidad, y la insatisfacción, pues nunca están colmados. Los tiburones se nos presentan en una actitud agresiva, metáfora de la depredación, de falta de escrúpulos y de empatia hacia los demás, sólo pendientes de alcanzar su fin. La simulación de la pecera quiere representar la sociedad cerrada y estéril que se aísla de forma obsesiva. "La pobreza excluye y la riqueza aísla" *Laurence Durell (Cuarteto de Alejandria- Justine)*. La jaula tiene un doble sentido por un lado refuerza el "aislamiento" y por otro marca los limites de esa sociedad "próspera", una barrera infranqueable para los que están fuera. Al lado de la jaula aparece la figura híbrida subiendo por unas escaleras hechas de dinero, esta es una referencia clara, de cual es la manera de ingresar en esa "prosperidad". La figura metamorfoseada representa el comportamiento de los individuos que pertenecen o quieren pertenecer a esta sociedad, un comportamiento depredador, oportunista e insolidario. De ahí la cabeza de cuervo y las garras de águila. Abajo, bajos sus pies la tierra calcinada, consecuencia de este tipo de entender el mundo.

El farolero

En esta ilustración aparece una rueda de hámster sobre un suelo cuadriculado, dentro de la rueda vemos un figura transformada en la que se ha sustituido la cabeza humana por la de un ratón. Al fondo hay unos archivadores que se pierden en el horizonte.

En la confección de esta ilustración, deseché la posibilidad de utilizar la imagen literal de un farolero, porque en la actualidad dado el desarrollo tecnológico de nuestras ciudades, el farolero quedaba demasiado lejos en el tiempo para simbolizar de una forma actual su propio significado. Pienso que la rueda sin fin del hámster expresa mejor el mensaje que nos sugiere este arquetipo. "El orden por el orden castra al hombre en su poder esencial, al trasformar al mundo y así mismo la vida crea el orden, pero el orden no crea vida." (C.D).

La rueda sin fin de hámster representa la dinámica actual de nuestra sociedad, una vida sin cuestionamientos, impersonal y en ocasiones deshumanizada que siempre es igual y monótona. Entramos en comportamientos prede-terminados y definidos, dócilmente sin preguntarnos su fundamento o su idoneidad. La cabeza de ratón quiere representar la "desindividualización" de la persona. El suelo cuadriculado refuerza ese carácter "encasillador" de esta sociedad estratificada y "ordenada". Los archivadores que aparecen en el fondo quieren sugerirnos por un lado que los individuos que corren en la rueda sin fin están perfectamente catalogados y controlados.

El geógrafo

En el centro de la imagen, una figura con la cabeza de cabra, unos prismáticos en los ojos y unas trompetas de gramófono, condensan el mayor significado simbólico. Delante de esta figura podemos observar un escritorio repleto de archivadores, un sextante y una esfera armilar. Al fondo, el planeta, está cubierto de papeles.

Esta imagen intenta seguir de una forma "literal" la descripción psicológica que aparece en este libro. "En realidad este prototipo del cuento estaba también vacío. Era como esas personas crédulas y confiadas sin criterio propio…".

Se ha utilizado para representar la credulidad la sustitución de la cabeza humana por la de una oveja, esta además está reforzada por los prismáticos y las trompetas de gramófono. La imagen plantea una reflexión sobre el papel de los científicos en la sociedad. Si bien, su trabajo es fundamental para el bienestar, a menudo incurren en una visión poco crítica de la sociedad que les rodea y la función que ellos deben desarrollar. Hay científicos que llevan a cabo su actividad sin cuestionarse que resultados y consecuencias van a tener sobre el mundo. Tenemos un ejemplo muy ilustrativo con la investigación militar, la energía nuclear o la extracción de hidrocarburos… La investigación científica como cualquier otro tipo de actividad, debe de hacerse siempre desde un posicionamiento responsable, cuestionando siempre su conveniencia.

El *Fennec*

En esta ilustración aparece el *fennec* en primer plano recostado sobre unas manos. Detrás de él parece un grupo de hombres y mujeres avanzando. En fondo podemos ver una duna del desierto que se funde con unas siluetas de manos.

Esta imagen quiere simbolizar la amistad. "*Unidos a nuestros hermanos por un fin común que está fuera de nosotros. Entonces es cuando respiramos y la experiencia nos enseña que amar no es solo mirarnos unos a otros sino mirar juntos en la misma dirección*". El *fennec* en el centro de la imagen simboliza la amistad y la solidaridad. Todos los elementos que lo rodean expresan cualidades, sentimientos y percepciones que desgranan el significado de la fraternidad. La presencia repetida de las manos quiere remarcar la importancia de la solidaridad y la ayuda entre las personas. Por otro lado, el grupo de personas (fragmento del cuadro *Il Quarto Stato* de Giuseppe Pellizza da Volpedo 1901) representa la unión de estas para conseguir un objetivo común que trasciende lo individual. Por último, la duna del desierto nos quiere recordar, que la amistad y la solidaridad son necesarias para prosperar y cambiar un mundo hostil.

La rosa

En estas tres ilustraciones o variaciones, podemos ver que la rosa es el elemento principal. En la primera variación, la rosa aparece en primer plano como único elemento, en la segunda esta misma se nos presenta en primer plano pero al fondo hay un cordero, están solos en el planeta. En la tercera podemos observar en un plano general, primero la rosa y detrás fundidas con el fondo un rebaño de ovejas que la miran fijamente. Tanto en la primera, como en la segunda ilustración el suelo del planeta es árido.

Mi imagen favorita, es la de la rosa en un primer plano. Con ello quiero expresar que la belleza de la rosa no esta en su forma sino en lo que es, su aroma, su color, su textura. Es la belleza abstracta, en si misma y por tanto el símbolo del amor. Se establece fácilmente una metáfora entre la belleza de la rosa y el amor. Por otro lado, las letras que aparecen escritas sobre la rosa significan la parte de pensamiento del amor.

Agradecimiento

No es frecuente, ni fácil, dar una explicación sobre los símbolos. Alejandro Fernández Arizmendi (excelente pintor e ilustrador) ha sabido no solo interpretar los que aparecen en *El principito*, sino también –gracias a su arte y oficio– complementar y enriquecer magistralmente mi trabajo. Alejandro ha escudriñado también el texto original del poeta-aviador lionés y se ha zambullido en él, y el resultado de su trabajo intelectual lo ha plasmado magistralmente –cosa que me complace sobremanera– en los dibujos que hay en este libro mío.

Antoine de Saint-Exupéry, en *El Principito* nos ha regalado un perfecto diamante poliédrico han pulido en el que cada faceta refleja su profunda preocupación, su hondo sentir por la humanidad, tan falta de empatía, de amor al prójimo, de filantropía…

Puede un lector atento, sensible, inteligente y audaz que –semejante a un espectador de cualquier obra de arte– halle uno o varios significados –los suyos– según su propio sentir.

En las ilustraciones de Alejandro Fernández Arizmendi, en sus elaborados y magníficos dibujos, nos da su propia visión de los arquetipos que figuran en el evento –alegoría– y muy juiciosamente ha dejado sin pintar el resto de los personajes y situaciones para que el lector sagaz tenga a su vez libre albedrío y la posibilidad de darles su propia versión personal, su interpretación a los símbolos no definidos. Recuérdese que cada símbolo es un continente lleno de contenidos. Y que la belleza de las cosas está siempre detrás del ojo que las contempla. Una obra de arte —escrita, pintada, musicada— cuando sale de las manos de un creador ya no le pertenece sino que está sometida al juicio del espectador, del lector o del oyente, que será quien la complete, admire o rechace.

La obra de Antoine de Saint-Exupéry no escapa a esa regla. Pero lo que si le gustaría —y lo advierte— es que no se leyese su libro a la ligera. Nos invita a una lectura sosegada para que podamos encontrar en ella tantas —o más— figuras simbólicas como muñecas hay en las matrioskas rusas. Por esa razón nos dice: "No puedo alcanzar una verdad que no sea simbólica. Me expreso en símbolos con toda naturalidad".

Reitero que las ilustraciones de Alejandro Fernández Arizmendi son muy personales, ellas magnifican mis interpretaciones sobre el contenido simbólico en *El Principito,* que son fruto de mil cavilaciones, durante los largos años que ese cuento ha sido mi libro de cabecera.

Acabaré dejando constancia de mi cordial gratitud a Alejandro Fernández Arizmendi por su arte y oficio.

T.R.O.
Marbella, invierno de 2014

Tan sólo el espíritu ve y comprende,
pues fuera de él todo en el hombre
es sordo y ciego.
(Pitágoras)

Nada hay en la inteligencia que no
haya pasado antes por los sentidos.
(Aristóteles)

Si queremos un mundo de paz y de
justicia debemos poner la inteligencia
al servicio del amor.
(A. de Saint-Exupéry)

Índice

CUADRO DE ABREVIACIONES

En Francés	En Español
C.D.. : Citadelle	Ciudadela
C.S…: Courrier Sud	Correo del Sur
C.T.S..: Carnets	Carnés
L.A..: Lettres de jeunesse	Cartas a una amiga…
L. O..: Lettre à un otage	Carta a un rehén
P. G.. : Pilote de Guerre	Piloto de Guerra
R.P..: Rportages	Reportajes
T. H..: Terre des Hommes	Tierra de los Hombres
V. N..: Vol de Nuit	Vuelo Nocturno

Prólogo

Ver un baobab

Emilio González Ferrín

Uno tiende a pensar que hay una edad para las cosas. Tiene sentido refugiarse en el olvido formativo que nos aleja hoy de aquellas primeras sorpresas de niño, iniciándose así el despegue progresivo de nuestra relación con el mundo. Tiene sentido el ropaje de experiencia que impone el baremo general; de lo contrario, el tiempo acabaría por teñir de ingenuidad las permanentes sonrisas boquiabiertas ante cada encuentro cotidiano. Aquel relato de Carpentier sobre la marcha atrás del tiempo se convertía en terrorífica ficción: el hombre que poco a poco contempla como se desconstruye su casa —y termina gateando tras las pelusas de la alfombra—, generaba la angustia del saber perdido, la nulidad experimental. Sin embargo, aquel niño nuevo redescubría rincones insospechados de la casa paterna, por entre las patas de un sillón de época bajo el cual sólo cabría la curiosidad infantil. Y ahí salta la chispa que remodela ingenuidades para presentarlas como beatífica inocencia. Cándida adolescencia –carencia, ausencia– de tanto andamiaje envejecedor. Liberación que –consecuentemente– acaba tiñendo caducidad la rueda del tiempo, adormeciendo hoy la tensión despierta de aquella inocencia de ayer para que, tras mirarnos al espejo, no nos pese todo lo perdido.

Había una escena de rabiosa elocuencia en la célebre comedia de J.M. Barrie *La historia del niño que no quiso crecer*. El padre de Wendy[1], costurera de sombras, reconoce en la afable cara de la nena que hubo un tiempo en el que él también supo. Al menos era capaz de resolver las formas de las nubes y reconocer barcos piratas que abordaban los tejados de Glouscester Road. Sí, uno tiende a pensar que hay una edad para las cosas. *¡Esto lo entendería hasta un niño de cuatro años!* Y contestaba aquel Groucho Marx: –pues que traigan a un niño de cuatro años que me lo explique–. Uno tiende a pensar…, pero, la vida te permite ver un baobab. Y dejas de pensar para recordar –resentir, revivir– que hubo un tiempo y un libro…

Ver un baobab nunca nos encadena con un saber aprendido. Nunca nos remite a fotos anteriores, maduradas exploraciones científicas o relamidas fichas técnicas. No, ver un baobab nos zambulle de inmediato en un libro sentido, latente en el magma anímico de todo aquel que tuvo la suerte de encontrarse con sus páginas,

____

1 Wendy es la niña que padece el síndrome semejante al de Peter Pan, ninguno de los dos quería crecer.

probablemente sin entenderlas del todo. Ver un baobab nos cambia instantáneamente el decorado de fondo y pasamos a arrastrarnos bidimensionalmente por entre las ilustraciones y armas alfabéticas de *El Principito*.

Tuve la suerte de ver un baobab. Y después otro, y otro más allá, hasta incluso acostumbrarme a verlos en hileras y a su efecto de paisaje boca abajo. Porque ciertamente es un árbol cuyas ramas parecen raíces —sobre todo cuando están deshojadas— y por lo tanto da la impresión de haber sido replantado al revés. Pude ver aquel primer baobab en Malí, concretamente en la pista que atraviesa de este a oeste la región de Koulikoro. Trasplantado de repente al paisaje de tres o cuatro tintas de las ilustraciones de Saint-Exupéry, dejé de pensar en lo que seguramente venía pensando —pero qué he olvidado—, y traté de hacer partícipe de mi descubrimiento al primer ser humano con el que me crucé. Resultó ser un niño que venía del colegio —a unos diez kilómetros de su casa—, y cuando le expuse con paciencia traductora que todo el mundo debería tener derecho a ver un baobab como aquel primero que yo había visto, el encogimiento de hombros del niño me devolvió a la adulta tridimensión del mundo de Saint-Exupéry.

Es cierto, desde luego; uno tiende a pensar que hay una edad para las cosas, pero en la tierra de los baobabs debe pasar como en el relato de antes en que Carpentier hacía avanzar al tiempo marcha atrás. Ojalá llegue el día en que los niños que viven en la tierra de los baobab tenga tiempo de sorprenderse inocentemente ante unos árboles que aparecieron en la faz de la tierra sólo para que alguien los pintase de tres en tres abrazando a un planeta empequeñecido por el efecto de enormidad de sus raíces. A los niños que deben caminar diez kilómetros ida y otros tantos de vuelta del colegio, creo que no se les permite llegar a sentir que hay un tiempo para las cosas. En concreto, para perderlo y reencontrarlo en las páginas de libros en los que aparecen árboles que conocen bien.

Tengo que acordarme de contarle todo esto a Tomás Ramírez Ortiz; su pitagórico sentido de la amistad permite apuntar una y mil cuestiones pendientes que después se engarzan sin tensión como las cuentas de un collar tertuliano frente –que no enfrentados– a un buen vino. En algunas de esas cuentas debió terciarse un día que yo podría ser el portero de noche de sus páginas sobre *El Principito*, y aquí estoy con mi gorra de plato jugando con las llaves de tantas cosas como él evocará en cuanto amanezca su texto después de esta presentación.

Lo bueno de ser el portero de noche en la vigilia previa de un libro es que te permite entrar y salir, apagar y encender las luces sin dejar rastro alguno de las carreras por el pasillo. Incluso permite que pongas los pies por alto y especules sobre cómo ha visto y verá el mundo los espacios léxicos que te corresponde velar. Recuerdo, por ejemplo, que mi primer acercamiento a Saint-Exupéry fue en una obra de teatro escolar tratando de poner en pie al borracho existencial del capítulo XII. Y recuerdo haber destrozado al personaje por imaginar que avergonzarse de beber era una especie de chiste. Pero como nadie se rió de entre el público, recuerdo también haber resuelto que, sin duda, *El Principito* era un libro-trampa que algún adulto lograría un día explicarme. "¡Que venga Tomás Ramírez!", creo que dijo entonces Groucho Marx. Y aquí llega Tomás con su prosa marcial y las evidencias de cariño por las páginas de Saint-Exupéry.

Tiempo atrás, supe de gente que abordó la cuestión de modos tan variopintos que habrían divertido al propio autor francés que escribió en Nueva York una historia de otros planetas a los que llegó tras darse de bruces con las arenas del desierto del Sahara. Aquel Yves Monin, por ejemplo, radiografió en 1976 precisamente los desiertos y volcanes de *El Principito* tratando de encontrar la lógica esotérica del texto. Es decir —y utilizando la imagen de Saint-Exupéry sobre contemplar una forma y decidir si es un sombrero o una boa engullendo a un elefante—, Monin decidió radiografiar el sombrero y dejarnos poéticamente *in albis*.

Luego oí hablar de Denizot Davies y su libro *El Compañero del Principito*. Y resultó que no se trataba de una segunda parte; un —por así decirlo— *El Principito* de Avellaneda. No, es un libro de deberes —de compañero a instructor; caballo de Troya— al estilo de las *Vacaciones Santillana* en los que se traza el mapa de la obra en cuestión y luego te los preguntan. Es decir; si el anterior radiografiaba, éste dispara fotos aéreas, sin que en ninguno de los dos casos llegue a aparecerse frente a nosotros ni rastro del escritor o su criatura en movimiento.

Por fin —para poner fin a todo, más bien—, llegó la caballería literaria de Laurent de Galembert —ahí es nada— que con escuadra, cartabón y apisonadora convirtió las callejuelas de Saint-Exupéry en avenidas, trayéndonos cosas tan complicadas como intertextos y palimsestos, que no son dos personajes de la Commedia dell'Arte italiana ni una pareja de bufones shakespearianos; ni siquiera dos medicamentos contra el ardor de estómago, sino extrañas mutaciones genéticas de antiguas palabras. Galembert traía consigo complicadas elucubraciones más propias de un ala de la Guerra Fría, afirmando cosas como que "el cuento es la degradación del mito" —tan propio de los dogmas—. Como si la sinfonía fuese un himno venido a menos; desnudado de su glorioso uniforme. Y es lo de siempre; el calvinismo por un lado, y el sovieticismo por otro canonizaron al trabajo por el trabajo y el mundo a cara de perro, con lo que un sencillo cuento directo al alma de las cosas parece una evanescencia psicotrópica.

Pero, qué puedo contarles; sobre *El Principito* existe incluso un manual de gestión de calidad total en la Administración Pública —que no es un chiste sino algo lleno de comisiones *ad-hoc*—. Por no hablar de otro manual basado en la obra del francés: el de formación ética del Voluntariado, por aquello que aparece en el libro sobre que el tiempo que perdiste por tu rosa hace que la rosa sea importante. Me recordó a una glosa socarrona y malintencionada de unos versos de Bertolt Bretch. Éste escribió aquello de: hay hombres que luchan un día y son buenos. Hay otros que luchan muchos días y son mejores. Luego están los que luchan toda la vida. Esos son los imprescindibles. Pues bien; el bromista desfonda-mensajes escribió la réplica: "hay flores que duran un día y son hermosas. Hay otras que duran muchos días y son mejores. Luego están las que duran toda la vida. Esas son las flores de plástico".

Ese desfondamiento / tergiversación / manoseo de mensajes anteriores es lo que me vino a la mente cuando tuve la ocasión de conocer tantas secuelas editoriales del libro *El Principito*. Y así, en la historia del mundo llegó siempre el sacerdote después del profeta. Lo que éste abrió, el otro lo selló para ponerse a distribuir certificaciones y vender trocitos de cielo que el profeta venía regalando. Lo que Saint-Exupéry transmite, difícilmente va a poder ser cortado y pegado, injertado o encorsetado. Y a tentaciones tales, mi amigo Tomás las mantiene firmes a la distancia exacta de un sable extendido.

Pero aquí llega ya, señoras y señores, Tomás Ramírez Ortiz con su caja de diapositivas sobre **El Principito**. Las levanta, las mira a contraluz, las baja, las coloca parsimoniosamente en el proyector y las va mostrando una por una con ritmo. Yo diría que no abre la boca más que al final, cuando —tras volver a guardar sus diapositivas— nos mira la cara, sorprendido, y nos dice la que —a mi limitado entender de portero de noche— debe ser su idea motor: ¿pero cómo? ¿No han leído ustedes *El Principito*?

E. G. F.
Tarifa, viendo las luces de Tánger.
Profesor titular de filología árabe en la
Universidad Hispalense de Sevilla

Prefacio

Puede que a alguien sorprenda que el hecho de dedicar muchas horas, y aún miles de días en este cuento. Se debe tener presente que no se trata de cualquier relato; sino de un cuento único, no de una fábula como tantas hay... Es una historia vívida, vivida, sentida y contada por su autor: un piloto-poeta-narrador que es al tiempo un niño curioso y preguntón (el niño que todos guardamos cuidadosamente en el fondo de nuestro corazón, de nuestra alma y que no cesa en hacer preguntas, de inquirir sobre el sentido de la vida del hombre).

No creo exagerar si digo que *El Principito* se presenta como una figura poliédrica con tantas facetas como lectores hay y en consecuencia susceptible de dar tantas explicaciones o interpretaciones que cada cual podría darle. En suma, estamos en presencia de un cuento filosófico-poético, incluso de una alegoría fabulosa sin moralina, como es el caso en los fabulistas.

Saint-Exupéry no critica y tampoco juzga el comportamiento de sus personajes. Simplemente nos los muestra en sus respectivas desnudez moral, tal y como son... Corresponde a cada uno de sus lectores juzgarlos o comprenderlos, perdonándoles sus actos y actitudes, y comportamientos debidos principalmente a sus inclinaciones personales. Y aún a su amoralidad e ignorancia. Poco importa. Tampoco nosotros los juzgaremos. ¿Con qué derecho? La Humanidad está hecha de ese modo, es decir, el hombre está a medio construir, como lo sugiere Saint-Exupéry.

El Principito se podría dividir en tres bloques: la infancia del autor, su experiencia como aviador-narrador y el relato de sus experiencias. El primero da cuenta de su niñez y adolescencia felices; el segundo de sus viajes y conocimientos; y el tercero sobre sus continuas reflexiones. Está cargado de tropos, de circunloquios en los que da forma más o menos directa —simbólicas o alegóricas— que obliga a reflexionar sobre la vida en la Tierra, sobre las relaciones muchas veces inexistentes entre los seres humanos, en lo que se refleja más el egoísmo que altruismo. Eso es lo que entristece a Saint-Exupéry.

Esta obra no es un cuento idílico, es una historia real: es la historia del hombre, autor-piloto-niño… En la que se cuenta de modo abreviado, sutil, reduccionista y simple, pero en sentido simbólico. El simbolismo que encierra *El Principito* es el hilo que une el pasado del autor con su obra; toda ella es interpretable como lo son los tropos empleados. Es una alegoría magistral relatada con gran sobriedad lingüística, pero sus palabras están llenas de un gran contenido. No es que el autor del cuento no tiene cicatería de palabras sino que es más bien generoso y sabe escoger aquellas con múltiples connotaciones y contenidos. Las palabras, las metáforas establecen verdades con exactitud, con la precisión de un fabricante de mecanismos de relojería. Todas son exactas, dicen lo que deben como lo dicen los versos de los poetas geniales. Y es que Saint-Exupéry era un poeta genial y un escritor excepcional. Aunque la mayoría de sus escritos tengan forma de novela, lo suyo no son crónicas de lo vivido, sino poemas en prosa, pero poemas... Da la impresión de haber acopiado mucho material de construcción con muchas notas escritas o pensadas, pero se ha ido despojando de gran número de ellas y se ha quedado –al igual que lo hace el buscador de oro en un río– con algunas diamantinas palabras que, las reúne, para vestir con ellas su inspiración. Despoja su tesoro de la ganga que lo envuelve y nos lo da en forma de diamante, de brillante polifacético. "Las cosas tienen tantas caras como hay modos de servirse de ellas".

Platón creía que las palabras son los arquetipos de las cosas designadas. Saint-Exupéry nos hace observar que "la palabra es fuente de malentendidos". Todo eso, y aún más, es *El Principito* despojando el tesoro de la ganga que lo envuelve y nos lo ofrece bajo forma de diamante poliédrico.

"Jamás emplea epítetos calificativos que para el autor son como capas de pintura, como ornamentos arbitrarios" (T.H.), que no conducen a ningún sitio. Alguien lo llamó: "Maestro de la poda y del rodrigón", porque sus palabras están desprovistas de ornamentos superfluos. *El Principito* no es una excepción en sus obras. No necesita muchas páginas. Las que confirman su cuento son suficientes para el lector atento y acostumbrado: ello le permite reflexionar ampliamente sin agobios y con el fin que no lea a la ligera y pueda ir más allá de su sentido, de su significado previo. Hay que cribar bien, escrutar las palabras, las frases, el contexto... Todos los personajes que figuran en el cuento tienen su razón de ser. Ninguno falta, nada hay en exceso. Unos están esbozados con simples trazos, mientras que otros están descritos con toques o pinceladas brevemente. Cada cual representa su respectivo papel con exactitud. Todos ellos son suficientes para adentrarnos, sin descripciones de sus aspectos exteriores. Saint-Exupéry ha sabido transmitirnos lo esencial que hay en ellos, sus ocupaciones y no sus aspectos físicos, sus costumbres o los lugares de residencia.

El Principito no es excepción, no necesita muchas más páginas. Las que en él constan son suficientes para que el lector atento y avezado reflexione sin agobio sobre ellas, para que no lo lea a la ligera sino que lo disfrute y vaya más allá del primer significado. Hay que escudriñar las palabras, las frases, el contexto. Saint-Exupéry cuenta con la complicidad del lector audaz e inteligente que sepa incluso leer entre líneas. (Se sabe que *Tierra de los hombres* estaba escrita en unas cuatrocientas páginas y, que después de desechar "ganga" o repeticiones innecesarias, la novela quedó reducida a ciento ochenta y una... Y *Vuelo nocturno* es todavía más corta, más breve. Esto demuestra que el afán mesurado del Saint-Exupéry lo llevó a escribir –publicar– lo indispensable que pudiera permitir al lector sin premura meditar sobre el texto organizado).

Unos están apuntados con buenas pinceladas, mientras que otros están descritos –aunque también con brevedad– muy acertadamente en la representación de sus respectivos papeles. Basta con ellos para adentrarnos con seguridad en la gran alegoría que es *El Principito*. A veces podemos dudar del esquematismo con que están bosquejados sin ninguna descripción de sus aspectos exteriores. Solamente del principito se dice que tiene los "cabellos de oro". De ese color los tenía Saint-Exupéry cuando era niño; incluso lo motejaban como "Rey Sol".

(Queriéndonos mostrar su aspecto, cuando era niño, Saint-Exupéry nos describe la carita de un niñito polaco durmiendo en el regazo de su madre, durante un viaje en tren –que nos describe en *Tierra de los hombres*–).

Para él "los principitos de las leyendas no eran diferentes de aquel niño". Aquella imagen le pareció muy tierna; estaba protegido por sus padres amorosos, afectuosos; y el niño de frente lisa era adorable...
Pero no detalla el aspecto físico de ningún otro personaje más; sólo sus atributos morales –nada edificantes– aparecen en algunos. Únicamente nos da cierta apariencia física cuando se mostró su flor y le dijo:"¡Qué bella es usted!". Adivinó que era muy modesta, pero muy conmovedora y algo vanidosa y friolera. El principito no comprendió bien lo que lo ella realmente era.:"He debido haberla juzgado por los actos y no sobre las palabras....".Aquí nos dice lo importante que resulta para él la acción."Yo era muy joven para saber amarla". (P.P).

Con ello nos confiesa sus errores de juventud y de amores no bien correspondidos. En el fondo es que había tenido poco tiempo para dedicarlo al amor. Le importaban más volar, conocer y escribir. Poco antes de volar sentía nacer en él un poder inmenso....
En el conjunto de su obra escrita se percibe, se siente, sus estados de ánimo, sus preocupaciones...Ya en pleno vuelo su espíritu se expandía en meditaciones sobre los asuntos que más le interesaban y que no eran otros que los concernientes a la Humanidad. Tenía siempre "hambre de luz", de saber, de llegar al conocimiento de los hombres...Al igual que todos los pilotos de su época, Saint-Exupéry era un hombre de acción, pero él a ésta le

agregaba su reflexión, su teoría sobre la construcción de sí y con él de los hombres. Ponía en práctica su filosofía. No se preocupó del aspecto físico de las gentes ni de su posición social, no nos los describe, se contenta con mostrarlos sin juzgarlos. Aunque compartiera nada con algunos personajes (el rey, el vanidoso, etc.) no por eso los despreciaba, porque Saint-Exupéry nunca dejó de sentir amistad por los seres humanos. El amor que tenía por ellos engloba a los dos géneros aunque en sus escritos no hay muchas mujeres, solamente las de sus amigos, nunca habla de las que él conoció y tuvo. Sin embargo sí supo del amor de la Mujer, de sus tiernos lazos, de la felicidad que transmite con su carne, con sus ternuras…

Quisiera transmitir al amable lector que la interpretación que doy sobre los símbolos que he hallado en *El Principito* obedece a mi exclusivo modo de interpretarlo.

Los símbolos fueron utilizados por los hombres primitivos debido a su visión ideal del mundo que les rodeaba. Asociaron a los planetas, estrellas, la naturaleza toda a las ideas que se hicieron de ellos antropoformizándolos, considerando al Universo como algo mágico. Nombraron a todas las cosas cuando alcanzaron la capacidad de abstraerse y así –al parecer– dieron origen a sus ideas religiosas imaginando un mundo paralelo a éste pero en otro plano.

Esto que ahora nos parece fácil de comprender es debido a muy recientes conocimientos de la mentalidad primitiva, según afirma Lévy-Bruhl. En consecuencia, los símbolos están ligados al dominio de las religiones. Todas las lenguas habladas tienen en sus raíces, su etimología, expresiones cargadas de antiguos simbolismos. Todos los pueblos, por muy alejados que están unos de otros, según se sabe desde no hace muchas décadas, tienen los mismos elementos que constituyen sus respectivas culturas; éstas han adquirido sus conocimientos por sí mismas o por aculturación. Gracias al contacto de unas con otras se enriquecen.

Gracias a los psiquiatras los símbolos se dividieron en dos categorías: una es la de los iniciados y la otra es la de los símbolos destinados a las masas poblacionales. Los primeros son esotéricos y los segundos se conocen como exotéricos. Éstos últimos son los que nos acompañan en todos los momentos de nuestras vidas… son los que nos permiten distinguir lo que quieren representar; por ejemplo, los símbolos exotéricos se usan en los logotipos o los que nos instruyen sobre peligros, los que nos indican objetos, etc. Ellos son comprendidos con facilidad por todo el mundo sin necesidad de explicación alguna. El símbolo gráfico es un icono, un signo que tiene relación con el objeto que representa. La iconología representa en figuras de personas sus virtudes o vicios. Así, diré que las personas que son descritas en *El Principito* representan en su lado negativo, a causa de sus comportamientos. El lector podrá sin dificultad establecer fácilmente una idea muy clara del sentido simbólico que doy a los arquetipos o tipos de personas de todos conocidos. Son modelos que no conviene imitar, dado su baja categoría moral de personas. Son símbolos representativos de gentes comunes, con las que no se puede hablar porque no tienen nada que decir.

Advertencia al amable lector: éste trabajo mío no es una revisión corregida y aumentada sobre mi anterior librito *En torno a El Principito.*

I

La boa y el elefante

*Cualquier objetividad desmiente
el primer contacto con el objeto.*
(G. Bachelard)

Antoine de Saint-Exupéry empieza su relato rememorando un libro sobre la selva virgen, titulado *Historias vividas*, en el cual vería con sorpresa el dibujo de una serpiente boa tragándose vivo, sin masticar, a un animal salvaje. Entonces supo que las boas se comen a sus presas enteras, incluso grandes y que tardan meses en digerirlos...Actualmente, unos científicos han descubierto que la *Boa constrictor* es asexuada. Suele reproducirse por partenogénesis, como el caracol.

Saint-Exupéry, partir de los seis años de su edad, leía cuentos infantiles con mucho deleite y –ya adulto– nos dice "He reflexionado mucho sobre las aventuras de la selva" (P.P.). Nótese algo importante: su reflexión sosegada que hacía sobre sus lecturas y con ello nos invita a hacer lo mismo con su cuento. Éste, al igual que los demás cuentos infantiles está plagado de significados simbólicos que el niño sabe percibir sin necesidad de que se los expliquen, tal vez es que intuyen que los símbolos no se pueden explicar sino sentirlos sin más.

Mircea Eliade, el gran simbolista rumano, dice que "El pensamiento simbólico no es dominio exclusivo del niño, del poeta o del desequilibrado; él es consustancial al ser humano. Él precede al lenguaje". Esto es fácil de comprobar en los niños, aunque aún no sepan leer bien ni entender lo que leen. Los niños perciben muy pronto el símbolo, lo sienten o lo comprenden, cosa ya harto difícil en los adultos por culpa del pensamiento elaborado.

La boa es un ejemplar tipo, indigno y nada edificante; es estática y silente, cauta y taimada. No tiene –al igual que muchos otros reptiles– un papel activo. Su vida se limita a engullir, a tragarse a otros animales vivos (no es carroñera) y enteros. Podría ser comparada a otro personaje del cuento, el Vanidoso, o las personas pasivas y desinteresadas de algo que no sean ellas mismas. Nada de lo que las rodea tiene interés para ellas. En eso se asemeja a los que no les interesan más que lo que obtienen de lo ajeno. Sólo se interesa por saciar su voraz apetito; la boa demuestra que no tiene otro afán que vivir para comer. Saciada o en ayunas está vacía de otro contenido que no sea su estómago lleno por un atracón de comida... Después de satisfacer su ansia se adormece aletargada hasta que, de nuevo, el apetito la despierta para volver a empezar.

Saint-Exupéry se excusa diciendo que sabía hacer cuando tenía seis años eran boas cerradas y boas abiertas y que (probablemente con una sonrisa socarrona de niño travieso) mostraba a los adultos su primer dibujo y al ver que no les causaba miedo y no lo entendían respondían siempre lo mismo:

−¿Por qué nos puede aterrorizar un sombrero? (P.P.)

El niño se reía... y para sacarlos de su precipitado error, les enseñaba el segundo dibujo ya con el elefante engullido...Ya por entonces el principito notaba que los adultos lo mezclan y confunden todo. Las respuestas que daban los adultos eran siempre las mismas, porque ellos no comprenden nada a primera vista y son incapaces de sentir ni de entender ya que dejaron de ser intuitivos... Sólo tienen pensamientos elaborados por la razón y no alcanzan a sentir ni a imaginar el sentido de algunas cosas. Se dejan engañar por el aspecto exterior de ellas, de los de ciertas cosas con otro contenido que el puramente físico; por lo que ven sus ojos. Únicamente perciben el continente y no un contenido que diferente a lo que sus ojos ven, que no es lo esencial. No alcanzan a saber que las apariencias, a veces, engañan y que no todo lo ven de igual modo todos; que el aspecto exterior puede conducir a error y encerrar otros significados. Así nos quiere decir que el segundo dibujo encierra en su interior una realidad que queda "invisible para los ojos...".

En uno de los diálogos de Platón, Teetetós dijo a Sócrates: "Hay quienes creen que sólo es real lo que se puede ver con los ojos o agarrar con las manos". A lo que el sabio ateniense contestó: "¿De verdad que hay gentes tan obstinadas y repelentes?".

En *El Principito* todos los personajes o tipos tienen su importancia. La Boa y el Elefante son dos prototipos similares al cordero y la caja que lo contiene... El Elefante es una metáfora de los hombres que habitan la tierra: gente pasiva y sin interés por nada; y la Boa ese tipo de serpiente gigantesca y robusta está ahí formando parte de la creación. No aporta nada a los demás, ni tan siquiera forma parte de la cadena trófica que es la que impera en nuestro planeta. Es como los poderosos, repito, que lo quieren todo sin importarles nada del mundo sufriente de los humanos que son explotados sin piedad y nada reparten de lo que tienen con equidad.

La Boa no tiene un rol activo en el equilibrio ecológico. Es como esos potentados que ansían todo para ellos en detrimento de aquellos que no se les parecen: la masa de los pueblos dominados y sojuzgados por los poderosos, por los que lo dominan todo y subyugan —al modo de los machos dominantes— que abusan de la pasividad de los débiles y los inocentes; lo quieren todo para ellos y para nada se implican en el mundo sufriente de los humanos, que son explotados sin piedad y no comparten nada de lo que poseen con los demás.

La Boa no lucha por la vida, no se expone a los peligros. Su vida se desarrolla en los bosques, donde vive en una constante emboscada pasiva. No lucha con sus víctimas; las espera, quiere significar a los dirigentes de esos hombres, es decir, de aquellos que todo lo ansían, todo lo quieren para sí a expensas de los demás que no son como ellos: es la masa de los pueblos dominados y avasallados por los poderosos, por los que dominan, los que subyugan al modo de los mamíferos machos dominantes que abusan de la pasividad o debilidad de los inocentes.

Así, la Boa es el ejemplo de una depredadora –como lo es la tierra, según veremos– que también fagocita todo lo viviente que ha creado... Pacientemente, colgada en fuertes ramas, la cabeza para abajo, los ojos bien abiertos en la espera del paso de su próximo festín. Cuando ve alguna se deja desplomar sobre él, se enrosca en ella hasta matarla y luego se la zampa con lenta delectación... Si la pieza es muy grande su pesada digestión suele durar meses... La Boa no tiene enemigos aparentes, otros ofidios sí... Los hombres (otros depredadores más) las matan para obtener su piel y con ella confeccionan artículos de lujo... Al parecer, las Boas no son muy abundantes respecto de los demás seres vivos. Forman una parte muy especial de la Naturaleza.

Por lo general engulle grandes piezas; su lenta digestión dura muchos meses (Cfr. Los dictadores y otros poderosos que viven de la explotación y esfuerzo de aquellos que dominan). Las Boas aparentemente no tienen enemigos naturales (otros ofidios sí).

Los hombres que poseen riquezas y poder Saint-Exupéry los habrá conocido de cerca. Se formaría una clara opinión de ellos. Son personas que tienen interés en los políticos que los defienden y por ellos se sienten protegidos; usan ropas costosas, viven en mansiones, tienen gustos dudosos y suelen distraerse de sus aburrimientos con juegos de azar. Así viven los fortunados.

Eso es lo que deduzco de la acción del poderoso ofidio y del paciente elefante.

Otro tropo es el del Elefante que, en este caso concreto del cuento, se deja inmolar sin oponer resistencia ni defenderse a pesar de sus enormes defensas –así es la masa ingente del pueblo– y de su volumen corporal... El segundo dibujo no muestra al paquidermo después de haber sido engullido por el enorme reptil. Es otro tropo de los muchos que utilizará Saint-Exupéry en toda su obra. Aquí el elefante es la víctima propiciatoria...

II

Genealogías

He aquí los jefes de familias y
las genealogías de los que subieron
conmigo a Babilonia en el
reinado de Atajerjes.
(Es: 7; 8)

Todo Israel está registrado
en las genealogías e
inscrito en el libro de los
reyes de Istael.
(Cr: 9; 1).

Toledot (Las Genealogías), constituían en la antigüedad judía una especie de Registro Civil. Nadie era reconocido pertenecer a una tribu si su nombre no figuraba en los registros genealógicos.

Y registraron sus genealogías según sus familias, según la casa de sus padres contando los nombres a partir de la edad de veinte años, cabeza por cabeza.

En los contratos de casamiento *(Ketubá)* se emplea el término de *Ha-Mekhuné* de *Kinnuy* (llamamiento), equivalente al árabe *Kuniat* y al español *Alcurnia.*

El *Talmud* y la literatura rabínica ponen bien en evidencia la preocupación incesante –en tiempos de Esdras– de purificar el pueblo de elementos extranjeros y reflejan bien la mentalidad de la época por esa cuestión. El árbol genealógico es descrito en el *Midrash* como constituyente del Registro Genealógico del lado paterno, en el que figuran las diferentes ramas salidas del mismo lecho... De nuevo el *Talmud* dice a tal propósito: "La Ley (Ciencia) está por encima del sacerdocio y de la realeza. Un mamzer (bastardo) instruido en la ley es más noble que un gran sacerdote ignorante... El sabio pasa antes que el rey, porque, a su muerte, el sabio deja un vacío, mientras que a la muerte de un rey, cualquier israelita puede sucederle".

En cuanto al nombre *Shem-He-Arissah* (nombre de cuna) es otra cuestión; constituye un elemento inseparable del individuo, pero de una concreción o más aún, de una exteriorización de su naturaleza trascendente. Se cree que el nombre es el reflejo fonético del alma del individuo y que le marca la esencia misma de la persona que lo lleva sería considerado como la determinación mística de todo su ser, de sus facultades y de sus atributos, una especie de tónico de su vida espiritual y material. Por ese hecho, el nombre constituye el doble del individuo, a través del cual su persona puede ser alcanzada...

La importancia del significado atribuido al concepto y al valor del nombre en la antigüedad judía se pone de relieve en numerosos episodios bíblicos. Este sentimiento de la potencia de los nombres en general fluía sin duda del valor que el mismo Dios atribuye a su propio nombre, según el Pentateuco. En efecto, vemos que, cuando la divinidad apareció a los Patriarcas Abraham, Isaac y Jacob, no les comunicó la naturaleza de su verdadero nombre: *Ehye asher Ehye* (Soy el que Es); ni tampoco su expresión exterior representada por su "Tetragrámaton": JHVH, que sólo le fue reservado a Moisés, el siervo favorito de Dios, que fue llamado a fundar y conducir una nación bajo la égida del Nombre Sagrado de su Maestro, Rey del Universo... Cuando le reveló el Nombre por vez primera le dijo: "... Este en mi Nombre para la eternidad y este es mi Memorial en todas las generaciones". (Ex. 3: 15).

Cuando un *Guer* (prosélito, fuerte contra el Dios) ha sido admitido en la Comunidad, en el momento de la circuncisión se le dará un nombre judío y el suyo antiguo ya no será más mencionado. Tomará como apellido "Israel". El *Talmud* dice: "Bien amados son los prosélitos porque por todas partes se les atribuyó el apellido de "Israel".

Al igual que los conversos al catolicismo en la Edad Media de España (y quizá en el resto de la Europa cristiana), eran bautizados bajo los apellidos de Santa Cruz, Santa María, San Juan, etc. O de algo relacionado con la iglesia: Iglesias, De la Cruz, o de un gentilicio o lugar de nacimiento de la familia: Toledano, Murciano, etc. Y aún víctima de la Inquisición: Ahumada (Santa Teresa de Ávila), Torquemada, etc. Muchos, sobre todo los menestrales, portaban el apellido del oficio o profesión que ejercían: zapatero, panadero, tabernero, carnicero, etc. Los que fueron apadrinados por reyes, nobles, llevaron sus apellidos derivados de sus nombres: González (hijo o súbdito de Gonzalo), Sánchez (ídem de Sancho); también de motes o cualidades (Delgado, Rubio, Grande, etc). Éstos se fundieron y confundieron con los del común, cristianos, de modo tal que entre ellos han seguido viviendo hasta hoy como si nada.

No deja de llamar la atención que hubo muy escasos moros que cristianaban, pues su ley los castiga con pena de muerte, pero no a los cristianos que apostataban para abrazar el islamismo, los conocidos como muladíes... Los convertidos al Islam llevan el apellido de "Islami" (islamizado).

Hemos visto lo difícil que podía ser, para el converso, elegir un nombre digno y que no le causa ningún perjuicio moral o religioso, dado la importancia que tiene para el israelita saber donde están sus raíces y cual es el destino del pueblo al que pertenece.

Ya, en época del Imperio Romano el Patronímico, precedido del nombre de pila o bautismo, seguido por el del solar o gentilicio, constituyó una denominación parecida al *Tria nomina nobiliorum*. En España, las personas debían unir al nombre personal el de un santo patrono para conformarse al consejo de la iglesia. En el siglo VI, San Gregorio el Grande lo convirtió en precepto para que se adoptasen nombres cristianos. En el estado llano el patronímico alterna con el apodo y el oficio, unas veces solo y otras, unido a algunos de esos. Los nobles solían unir al nombre el de la localidad; de ese modo nace la institución vincular. Era muy difícil que el pueblo aceptara el uso regular de apellidos que no expresaran nada que tenga relación directa con la persona. En un sínodo diocesano del siglo XV, por iniciativa del cardenal Cisneros, a causa de la informalidad conque se hacían los asientos, se establecieron libros parroquiales de nacimientos y defunciones. (Burda copia del Registro Civil que tenían, desde hacía muchos siglos, los judíos). Reinaba pues libertad completa en la adopción de apellidos.

Todo aquel que no tuviese ejecutoria, hidalguía recibida o limpieza de sangre probada, era un paria.

Así resulta lo difícil que sería para el primer Saint-Exupéry haber elegido este apellido, proveniente de aquel obispo (quizá converso) llamado Exupère al que suprimió una "e" y añadió como desinencia la "y" para colarlo de rondón... He intentado hallar en la luneta de la *Porta di Sant'Esuperanzo,* ocho figuras que cuadran muy bien con los tipos o personajes que se dan en *El Principito.* No sé bien si acerté. (Obsérvelo con detenimiento el lector interesado).

III

Nobleza española

La llamada nobleza española, la mayoría de sus miembros, está compuesta por innumerables individuos (casi todos de origen judaico o conversos) no supera los cinco siglos. Generalmente la componían unos ricoshombres judíos que, obligados por la inquisición con el apoyo de la realeza, compraron sus títulos a cambio de grandes sumas de dinero o bienes transferidos a la iglesia o a los reyes. En recompensa les daban dignidades eclesiásticas, generalmente los hacían obispos pues su cultura religiosa –basada en la Biblia– superaba con mucho los conocimientos de la curia; sabían idiomas (además del hebreo o arameo, latín, griego y árabe), al poseer tantos conocimientos se principoraban a las órdenes mejor preparadas: los dominicos, que dominaban todos los mandos y poderes de la iglesia española. Eran los mejores predicadores y los más acérrimos enemigos de los judíos (los Ferrer, Torquemada, y otros muchos apóstatas que figuran en los anales eclesiásticos).

Pero entre ellos también había algunos movidos por una verdadera fe cristiana (cardenales y obispos por la convicción de que la iglesia de Cristo descendía del rey David (como la Virgen María, la *Turris davidica* de la letanía lauretana).

De entre ellos surgió el cardenal Francisco Mendoza y Bovadilla, al parecer hombre justo y de gran relevancia como veremos.

Debido a una injusticia que hicieron a un sobrino suyo que aspiraba hacerse con una merced de orden militar, al ser desestimado por no poder demostrar "limpieza de sangre". El agraviado sobrino le comunicó a su tío, el cardenal, el agravio que le hicieron a él y a toda su familia. Fue entonces cuando escribió un Memorial en el que detalla los más de trescientos "nobles" que se consideraban únicos derechohabientes de sus mercedes... La historia es así:

En "Tizón de la Nobleza Española", el obispo de Burgos y Arzobispo de Valencia, cardenal Mendoza, en 1560 envió a Felipe II, un Memorial en el que detalla "nuestra aristocracia, alta y baja, revelando las bastardías e impurezas de sangre azul que corre por las venas de cada ilustra familia...". La gran mayoría de ellas, si no todas, las familias de la alta y baja sociedad nobiliaria no podía demostrar su pureza de sangre, sus raíces genealógicas, tanto en España cuanto en Portugal. Todos los títulos eran costeados por los grandes fortunados judíos que apostataban y eran pagados con grandes sumas de dinero. El obispo Mendoza, era modelo ejemplar de virtudes evangélicas porque, al parecer su conversión era muy sincera y ensalzaba a los humildes y humillaba a los orgullosos y soberbios para igualarlos a todos ante Dios como hijos de un mismo Padre común.

El rey Felipe II conoció al joven Mendoza muy capaz de dar lustre a su reinado, poniéndole en condiciones ventajosas y, se lo atrajo… y lo llevó de la mano a las más altas dignidades y jerarquías eclesiásticas. Fue arcediano de la catedral primada de Toledo, en cuyo cabildo fue siempre oída y respetada de un canónigo que había ido allí precedido de fama. No pudieron meterlo en relación con la inquisición que era el gran anhelo y mala voluntad de sus enemigos. Todas las intrigas contra el prelado fracasaron…

En 1566 fue preconizado para la silla metropolitana de Valencia; pero ¡Oh dolor! La muerte le sorprendió en el camino de su nueva diócesis a los 50 años de edad… Fue doctor por Salamanca, maestro de teología y letras humanas de Ébora y Coimbra. Escritor insigne. Modelo y ejemplar de grandes hombres, eminentísimo que sólo los grandes hombres pueden comprender y explicar bien a los grandes hombres.

Resulta que las naciones extranjeras daban poco crédito a la nobleza de España. "Más como la brevedad de éste Memorial lo pide, suplica a V. M. humildemente mire con atención tantos y tan grandes príncipes, y señores, duques, condes, marqueses, y caballeros, como ilustran los siguientes pliegos". (Y, a este listado siguen un elenco de más de 330 nombres de hombres y mujeres todos ellos ricos y "ennoblecidos con sus respectivos títulos"). No había villa, ciudad o comarca que no tuviese su "noble"; nombres que aún perduran en nuestros lares hispanos.

(Todavía hoy, en el siglo XXI el rey de España concede títulos a políticos, entrenadores deportivos o parejas de las infantas casadas y aún a una periodista plebeya…).

¿Está toda la obra de Antoine de Saint-Exupéry implícita y manifiesta en la Torá? A fe mía que sí. Escudriñemos sin prisa y sin complejos ni prejuicios los textos de sus libros y veremos que están atiborrados de frases, ideas, consejos positivos, etc., que son como guiños que nos remiten a ella. Esta aseveración se afirma con certeza en el Antiguo Testamento. Hay que inquirir y tratar de averiguar o de ver en cada palabra, en cada situación, los detalles manifiestos. Nada hay en *El Principito* que sea producto de la casualidad. Todo lo contrario; el cuento ha sido muy meditado, rectificado y corregido antes de darlo a la imprenta. Todo él es producto de sosegada reflexión y convicción.

Desde los lejanos años 50 del pasado siglo he empleado muchas horas, días y aún meses inclinándome sobre *El Principito,* que ha sido mi libro de cabecera… He intentado zambullirme en el texto para que penetrara en mi mente y ella en él.

IV

Del apellido Saint-Exupéry

Luneta escudriñada de la *Porta di Sant'Esuperanzio,* obispo, en la iglesia de Cingoli (Piceno, provincia de Mazerata), del siglo XIV.

Se pueden observar en feliz reunión:

- Arriba: Ángel:(Narrador) - Sant'Esuperanzio (Saint-Exupéry) - Ángel (Principito)
- Abajo: Hagiografía (Biografía) - Pájaro (Aviador- Avión) - Tres Corderos.

En tiempos del emperador Adriano (76-138), enemigo mortal de los primeros judeocristianos sin iglesia centralizada, hubo un mártir y santo llamado San Exuperio... Fue el primero.

Con el tiempo, la Iglesia consagra a otros tres santos más, llamados:

El segundo de ellos fue Sant'Esuperazio o Superanzio, obispo de Ravena (en la Flaminia). Se cuenta de él "que trabajó incansablemente por el bienestar material y espiritual de su grey". Vivió el santo varón en la época del emperador Honorio. Se distinguió por sus virtudes... Cuando las tropas de Estilicón invadieron Ravena, el bienaventurado ministro eclesial evitó que la soldadesca profanase y saquease la catedral. Se cree saber que nació y murió en, 360-418, después de haber gobernado pacíficamente su diócesis. A su muerte fue sepultado en la iglesia de Santa Inés y luego, más tarde, sus reliquias fueron trasladadas a la catedral de Ravena... Nunca ha sido fácil hacer coincidir fechas lejanas de modo fidedigno. No son asuntos de fácil comprobación.

Un tercer Sant'Esuperanzio o san Exuperanzio, fue también obispo, pero de Cingoli (en el Piceno). Fue —es— patrono de la ciudad, y según la tradición, nació en África del Norte (como el bereber san Agustín). Se cuenta que este también bereber (probablemente cristiano maniqueo), desde su infancia manifestó el deseo de convertirse al catolicismo. Convenció a su padre para que le permitiera recibir el bautismo católico. El padre accedió a su vehemente anhelo. De mayor nunca se casó. Abandonó a su familia para predicar el Evangelio por gran parte del Magreb, llevando una vida conventual. Al cabo de algunos años se embarcó para Italia. Tomó tierra en Numana, cerca de Ancona, y se dirigió a Roma por mor de su afán predicador. Fue encarcelado... El Papa lo liberó y lo envió a Cingoli a regir su sede episcopal que había quedado vacante. El pueblo lo recibió con toda suerte de parabienes, por sus ya conocidas virtudes y el celo y cariño que mostraría con sus feligreses...

Todavía nos queda un cuarto obispo y santo. Esta vez el de Tours (Francia). Su nombre era Saint Exupère. Vivió también en el siglo V. Murió en el año 411... No sé si algún día sabremos si tres de ellos son el mismo obispo y santo, dado el siglo en que el trío vivieron y murieron.

¿Cuál de ellos serviría de modelo al primer Saint-Exupéry?

Lo que me parece plausible es que sería el mártir San Exuperio, condenado por los otros judíos de Roma no seguidores del Cristo, la palabra cristianismo se usó por vez primera a mediados del siglo II.

Ya hemos visto que los conversos procuraban no llevar el nombre o apellidos de cristianos. Con gran habilidad, la mayoría solía escoger aquellos más antiguos relacionados con la Biblia o con la Virgen María...

Los israelitas procuraban poner algunos nombres como apellido, tal cual Mendes y Peres... En Turquía es Menderes, en Austria, el biólogo agustino se llamó Mendel, en Alemania. Mendelssohn, en Francia Mendès y en España Méndez... Y, por corrupción o ignorancia del amanuense, a partir del año 921, tenemos: Menudiz, Menéndez, Menendix, Meudix, Melendez, Belendez, Menez, Menezo, Meneses, Menendieziz... Y Perés, Pereda, etc. En Portugal Pereira, en Israel Peres, hijo de Judá (que es la grafía original). ¿Ocurrió lo mismo con Exuperancio, Esuperanzio, Superanzio, Exupère y Exupéry...? De modo que no sería nada excepcional que la corrupción y desinencia se aplicara siempre con la misma intención de "camuflar" o no saber etimologías o por corrupción e incluso ignorancia del escribano que inscribía el nombre... Los judíos saben muy bien hilar muy fino y contentar a los cristianos ignaros...

Mi idea es que el primer Saint-Exupéry no era un ignaro y sabría muy bien dar apariencia de santo "católico" al nombre del obispo francés que –quizá también fuese de origen judeo-converso –y que no figura en el Santoral–. Esto no es una simple elucubración sino que responde a una lógica que bien se puede aplicar a los judíos cultos y conocedores profundos de la religión que nos legaron...

Lo primero que llamó mi atención fue el origen del apellido del autor: Saint-Exupéry, que con toda probabilidad fue escogido por un antepasado suyo judío al convertirse al cristianismo. Me sorprendió sobremanera que el joven Antoine, aristocrático, incluso noble, y estudiando en escuelas católicas de Francia y de Suiza (estaba profundamente descontento), no le gustaban para nada los curas. A los dieciocho años de su edad (recién acabada la I Guerra Mundial), se inclinó con entusiasmo por la Torá y escribió una carta a su *Chère maman*, en estos términos: "Acabo de leer un poco la Biblia [...]. ¡Qué potencia de estilo y qué poesía! Por doquier el sentido de la moral resplandece a sus utilidades!"

Creo que allí descubre su espiritualismo existencial. Este sentimiento es muy raro encontrarlo en un católico. Sólo los místicos cristianos lo alcanzarían. Allí sí, en el Pentateuco, encuentra el joven Antoine de Saint-Exupéry los tipos y arquetipos que nos ofrece en el cuento. No es casualidad que Saint-Exupéry se inspirase en la Biblia, en los Libros que contiene, y extrajera de ellos personajes tan representativos como los que figuran en *El Principito*. Probablemente no se detuviera solamente en la Torá; quizá ojease también el *Talmud*, que es el segundo libro sagrado del judaísmo conteniendo todos los preceptos y prohibiciones que han de seguirse obligatoriamente. Este libro es muy profundo y difícil de interpretar. Obliga a una lectura repetitiva, incesante; siembra y disipa dudas... Descarría y deja perplejo y exige del lector una cultura y una espiritualidad poco comunes. Desmenuza conceptos y vuelve a ordenar las ideas... Los detalles se van desvelando poco a poco, a fuerza de tesón y voluntad de querer saber. Incluso siembra la duda en el creyente... Pero no niega tajantemente la existencia de Dios... Aunque también diera ateos.

El judaísmo, de todas las religiones que por el mundo han sido, es la primera y única que nos trajo la creencia en un solo Dios: el Monoteísmo. Un espíritu puro, abstracto, informal con el que pactó *Abrahám Abinu* (Padre de la Muchedumbre), que, reuniendo "a las gentes del otro lado del río" (los hebreos), pactó con Él y le sirvió con fe y amor. El Eterno reveló a su pueblo el decálogo, las Tablas de la Ley, precursora de los Derechos Humanos, del Perdón y del Amor al Prójimo (Le. 10; 18)... Un humanismo inigualable y algo más, de suprema importancia: la paz entre los hombres de buena voluntad. Y, sobre todo un mandato de un enorme valor ético, tan importante para la convivencia en paz: ¡No matarás! (Éx. 20; 13). Afirmo con contundencia: sin el Judaísmo, Occidente no habría sido lo que es. El resto del mundo ahora tampoco, aunque hoy todos se "occidentalizan" (en sus atuendos, en sus costumbres y... casi en sus leyes...).

Los demás pueblos y civilizaciones pretéritas fueron, una tras otra, desapareciendo y solamente ha prevalecido el Judaísmo, que es quien ha legado al mundo entero su credo, sin imponerlo y sin guerras divinales ni matanzas en el nombre de Dios.

El Principito empieza por mostrar el dibujo de un sombrero (que resultó no ser tal, sino una serpiente que ha engullido a un elefante). También muestra tres corderos dibujados por el piloto al niño preguntón; que los miró atentamente pero no lo convenció... pues el cordero que buscaba estaba dentro de la caja...

V

Breve biografía

Antoine, Jean Baptiste, Marie Roger de Saint-Exupéry, hijo del conde Jean de Saint-Exupéry y de Marie de Fonscolombes, ambos de familias aristocráticas, sobre todo ella que tenía lazos con el castillo de La Mole, en Provenza (castillo medieval en el que perdió la vida Garcilaso de la Vega, hombre de guerra y poeta español, capitán heroico de Carlos V). Antoine que, a pesar de la brevedad de su vida se enriqueció mucho en experiencias vividas. Nació en Lyon (Francia), el día 29 de julio de 1900.

Su padre murió en 1904, dejando cinco hijos: dos niños y tres niñas. A la muerte del padre, una tía suya se lo llevó a vivir en el castillo de Saint Maurice-de-Remens. En aquel escenario casi mágico para él transcurría dichosa su infancia, y feliz su niñez. Antoine era un niño robusto, feliz y franco; tan turbulento como soñador... Le llamaban Saint-Ex. Pique la lune –por mor de su naricita respingona y Rey Sol– por sus cabellos rubios y rizados. Sus sobrinos le llamaban Oncle Papou... Sus camaradas, Saint-Ex o Tonio.

Desde su infancia, "a los seis años, el rey sol" gustaba de la lectura y componía versos que declamaba, en plena noche, gesticulando de manera enfática para mantener despierta a la corte familiar que se caía, vencida por el sueño... Le gustaba que le aplaudiesen después de cada sesión; y así se iba a dormir todo él contento por su divertido papel.

De 1907 a 1914, lo ingresan como alumno externo en un colegio de jesuitas de Nôtre Dame de Sainte-Croix en Le Mans, y pasaba las vacaciones en el castillo de su tía, no lejos del aeródromo de Amberieu. Allí conoció al piloto Jules Védrines (el que realizara la hazaña del París-Madrid). Éste, por simpatía y empatía, le invitó a subir a su avión. Aquello fue para el mozalbete una revelación insólita y desde entonces decidió hacerse piloto de aviones... Al volver a casa se puso a componer un poema referido a su primer y corto vuelo... De dicho poema quedan, al parecer, algunas líneas:

Las alas temblaban bajo el soplo de la tarde;
el motor, en su canto, acunaba el alma dormida;
el sol nos rozaba con su pálido color....

Así nació el poeta-aviador-escritor.

En octubre de ese año, lo apuntan con su hermano François, en el Colegio Montgré de Villefranche sur

Saône. Ambos mantienen su repulsión a los que visten sotana... No les gustan sus escuelas.

Cuando se declaró la Primera Guerra Mundial, Antoine apenas contaba con catorce años de edad; el mundo del adolescente se trastornó como le ocurriera a toda Europa y especialmente a Francia.

En 1915 llevan a los dos hermanos a Suiza, donde la contienda quedaba lejos y allí, en aquella escuela, se interesa especialmente por la poesía... Los inscriben en los Hermanos Maristas de Friburgo... Nunca fue lo que se llama un buen alumno. Antoine era un estudiante rebelde. (Su hermano no tardaría en morir).

En 1917, como interno, acaba el Bachillerato en la Escuela Bossuet. Continuaba siendo un estudiante inconformista...

En su casa era un niño muy feliz. Se entretenía inventando pequeños artilugios, poniéndole alas a una bicicleta y también en dibujar aparatos mecánicos: era un poeta y un aviador en ciernes. Ambas aficiones serían sus pasiones y le permitirían conocerse mejor a sí mismo y a los demás hombres. Empleó toda su vida en llevar a buen término sus vehementes deseos: volar y escribir; y emplearse a fondo en sus escritos para, construyéndose, construir al hombre...

En 1918, ya adolescente, lo catearon en la Escuela Naval y eso le permitió seguir estudiando y después realizar su sueño: sacar el título de piloto de aviación cuando cumplía con el servicio militar. Antes de sus veintiséis años de edad hubo de soportar diversos fracasos en la carrera militar, en la aviación, y todas sus esperanzas se quebrantaron... No le gustaba estudiar, justo lo necesario y aún...

Gustaba de acostarse tarde y no levantarse temprano. Era la época de la bohemia parisina de todos los estudiantes. Le gustaban los automóviles "¡Incluso la máquinas de afeitar eléctricas!". Amaba gustoso la vida social parisiense, la moda, los *Bugatti*, las *mignones*[2] y gozaba de beber con sus amigos y comer en tabernas típicas mientras entonaba viejos cantos populares bebiendo, y cuplés frívolos en los cafés cantantes donde se reunía con las mujeres con las que se daba aires de hombre enamoradizo y con ellas se curaba de insaciables fracasos y frustraciones... Sabía muy bien cómo seducir con habilidad; jugaba bien a las cartas y al ajedrez... Era buen prestidigitador; siempre tenía algo en las manos con lo que sorprendía a todos como un gran animador, mimo y cuenta-cuentos por lo hábil que era. Y también gran derrochador de dinero con facilidad... Realmente formaba parte de una juventud que se sabía protegida... Su *Chère maman* le enviaba fondos periódicamente.

Después del fracaso de la Escuela Naval, hubo otro, de orden bien diferente: su primer gran amor Laure de Vilmorin, mujer tan hermosa como culta, perteneciente también a una familia ilustre, que desdeñaba a Tonio al considerar que no era el hombre apropiado para promediar con ella "vida y bienes". Este fracaso lo marcaría de por vida.

---

2 Así nombraba a las jóvenes prostitutas.

Por entonces vivía en casa de su prima: Yvonne Lestrange; pero se sentía encorsetado. Lo único que lo mantenía en su posición era su nostalgia del cielo: volar... Todos sus deseos no realizados se los confiaba a su madre, que era su única confidente. Solamente ella lo comprendía. Él le decía: "Mamá, soy más bien duro conmigo mismo y tengo derecho de rehusar en los demás aquello que rehuso para mí. Ya no me distraigo con coqueterías y pamplinas que hacen de sí interponerse entre lo que se ve y lo que se cree". De ese modo demostraba su fuerte personalidad y se guiaba por la escala de valores que se impuso.

En 1921, hacía su servicio militar en Estrasburgo... y, gracias a los envíos periódicos de su *Chère maman* pudo obtener el título de "Piloto de aviación". Con él se va a residir a Casablanca (Marruecos) en el −37 Regimiento de Caza−, durante algunos meses.

A su vuelta, en 1924-1925, comienza a publicar *El Aviador*, en *Le Navire d'Argent,* editado por Adrienne Monnier, donde vuelca su sensibilidad de hombre de pluma... Pero lo que él adora es volar. Y se realiza en tanto que piloto de aviones y de escritor sediento de publicaciones relativas a esa nueva técnica de visión del mundo.

Antoine de Saint-Exupéry era un hombretón de 1,84 m de estatura... R. de Saussine, en *Lettre à une amie inconnue* (Cartas de juventud), nos lo describe sucintamente así: "Su cuerpo de atleta, su figura de Giles de Watteau, sobrepasaban, se desvanecían en la sombra". Su voz era suave, dulce y envolvente; su aspecto era modesto y su expresión seria. También era tenaz, constante; tenía un gran sentido de la responsabilidad. Era admirado por la fuerza y el ingenio con los que escribía sus impresiones después de haberlas cribado con su ingenio. Era un poeta-sociólogo con una gran imaginación... Según J. C. Ibert: "Es el prototipo del escritor del que se afirma que compromete buena parte de su obra..." Por su lado el gran pedagogo español, don Francisco Giner de los Ríos, agrega: "Y de tal suerte palpita la vida en ella (su obra) que podemos conocerlo, hacernos su amigo íntimo, sin haberlo nunca visto, sin haberlo frecuentado de otro modo que leyéndolo una y otra vez con el mismo encanto. Todo el calor humano, todas las cualidades del hombre, se nos brindan en sus páginas".

Era Tonio para los amigos y Saint-Exupéry para los compañeros, marcando así las distancias. "Daba la impresión de sentirse a gusto en la vida; reía de buen grado, con una risa contagiosa cada vez que contaba cosas", nos dice de él C. P. Chévrier. (Recuérdese del regalo que le haría el principito al piloto antes de su marcha: una risa sonora).

No obstante Saint-Exupéry tuvo que desempeñar diversos trabajos (entre otros vendedor de camiones "Saunier", pero sin éxito). Y no fue hasta 1926 que, gracias a la publicación de *L'Aviateur* (relato preludio de *Correo del Sur*) y por su gran amistad con Jean Prévost, consigue entrar en la sociedad aérea Latécoère. A partir de ese momento, Saint-Exupéry —no podrá ya escribir sin volar ni volar sin escribir—. El cálamo le será tan necesario como cualquier otra herramienta de acero. Él solamente quería volar. Pilotaba por amor a su profesión, buscando siempre la perfección, pero jamás llegaría a ser un gran piloto: tuvo muchos accidentes que le costarían muy caros, tanto en el plano físico cuanto en el profesional.

El año 1926, será una fecha inolvidable para Saint-Exupéry. Al cabo de muchos ejercicios rigurosos que le fueron impuestos por "Líneas Aéreas Latécoère"; ésta le ofrece "Abrir una línea aérea africana", a través de España y Marruecos, entre Toulouse y San Luís de Senegal...

Al igual que otros pilotos, Saint-Exupéry se instala en el "Hotel del Gran Balcón", en Toulouse, administrado por las hermanas Adeline y Françoise Márquez (sin duda de origen español ambas). A ellas les gustaba estar puestas al corriente de las idas y venidas de esos jóvenes pilotos seductores, aventureros, zalameros lisonjeros que —para no ser sorprendidos por las dos hermanas— llevaban en brazos, hasta la habitación, sus "conquistas" del día...

Con sentido reconocimiento agradecido, Saint-Exupéry dijo: "Guillaumet no me enseñaba la geografía de España; él me hacía de España una amiga bien amada". (T.H.). La "Hoja de Ruta" que le daban señalaba: Toulouse-Barcelona, primera escala: El Prat; Barcelona-Alicante: El Altet, segunda escala. En Alicante, se alojaba en la "Pensión Pepita"; amores de una noche, recuerdos inolvidables que, por pudor, se callaba. En la, a veces, soledad de la Pensión Pepita, Saint-Exupéry debió festejar el Año Nuevo, más de una vez.

De allí a Málaga (punto vital para la travesía del Estrecho de Gibraltar...) "Aviones y pilotos fueron bien acogidos por las fuerzas vivas de Málaga: las familias Loring, Larios, Peraja, Chacón...Y todos, especialmente la señorita Gross, hija de Eugenio Gross, propietario del terreno llamado EL Rompedizo. ¡Eran los años 20!".

En una de las cartas que enviaba a su *Chère maman*, se puede leer:

Toulouse, invierno 1926-1927… Mi mamaíta, he aquí lo que usted hará dentro de quince días… Usted se reunirá conmigo en Toulouse, yo la llevaré a Alicante que es un lejano pueblucho de España (son necesarios ocho días para llegar a él por tierra). Allí la instalaré en la pensión de los aviadores… Usted se reposará durante quince días al sol y pintará bonitas puestas de sol sobre el mar. Cada tres días pasaré con usted la tarde y un día, cuando usted tenga ya suficiente, la traeré a Francia… Le beso con ternura como yo la amo, Antoine.

Algunos meses más tarde realizó su primer vuelo París-Dakar con escalas en Málaga y Casablanca. En aquella época era una verdadera peligrosa aventura. Unos meses más tarde realiza su primer vuelo Toulouse-Dakar.

Durante ese período, la Aéropostal sufrió diversos problemas producidos por los disidentes indígenas de Cabo Juby y Villa Cisneros, en el Sahara marroquí. Esas tribus atacaban sin piedad a aviones y tripulaciones, obligándoles a pagar tantos rescates como sacas de correos transportaban los aviones…

Gracias al interés que ponía en su trabajo, Saint-Exupéry fue nombrado Jefe de Escala en los dos villorrios y Jefe del aeródromo de Cabo Juby, en Sidi Ifni. El piloto-poeta-escritor había sido recomendado por Didier Daurat, porque, para ese puesto, necesitaba a "un verdadero embajador, un diplomático sagaz". En uno de esos villorrios-fortines polvorientos, nuestro héroe pasó dieciocho meses. Durante ese tiempo medita…Y nace su primera novela: *Correo del Sur*, y al mismo tiempo pergeñaría la idea de su obra magna *Ciudadela*. En su despacho del hangar solía sentir una serenidad filosófica. Allí hacía viajes sin moverse... Gozó de mucho tiempo para él. También mientras pilotaba no cesaba de imaginar, de recordar, y ya en tierra sabía aislarse para estar consigo mismo. "Me gusta mucho el desierto", solía decir. "El hombre necesita valores tales como serenidad, belleza y descanso, con el reflexionar sobre la vida de los hombres; para buscarse a sí mismo y encontrar la armonía evitando así la agresión natural de la Tierra".

Durante su estancia en el desierto pudo constatar la frugalidad y la sobriedad de vida de sus habitantes, el modo de vivir de los pueblos con gran tradición cultural que no iba acompañada de paralela civilización. El desierto conservó en sus habitantes antiguas costumbres del nomadismo, de los hombres sin raíces..., ellos mismos se suelen llamar: "Hijos del viento". O *Imazighen*: "Hombres libres".

Antes de continuar voy a decir algo sobre las visitas que Saint-Exupéry hizo a España, sobre su amistosa relación con un piloto español con el que intimó mucho una amistad fraterna. Se trata de "Ignacio Hidalgo de Cisneros, aristócrata, piloto militar, con edad similar y educación similares; ambos estaban apasionados por el desierto, que los inspiró de manera brillante para sus producciones literarias". Hidalgo de Cisneros fue conservador permanente del Museo del Aire del aeropuerto de Cuatro Vientos de Madrid, aeropuerto histórico al origen de la aviación española".

Hidalgo de Cisneros de Saint-Exupéry dijo: "Habíamos simpatizado mucho, yo apreciaba su bondad y su cultura, él nos deslumbraba...".

En Aventuras y escalas, Saint-Exupéry dijo: "La magia del desierto es eso, la soledad, una noche de estrellas, lo que aprendimos de nosotros mismos e íbamos de milagro en milagro en cada viaje en la disidencia". [3]

Muy poca gente sabe que Hidalgo de Cisneros había ayudado a Saint-Exupéry a atravesar la cordillera de los Andes, en el Cono Sur americano... Fue en razón al terrible accidente que sufrió su amigo Henri Guillaumet en el que su avión capotó, en 1930, cuando intentó abrir la ruta aérea hacia Chile. Saint-Exupéry lo visitó en el hospital en el que curaban a Guillaumet. A un momento dado éste le dijo: "¿Sabes?, lo que he sufrido, ningún animal lo hubiese soportado".(T.H.).

Un año antes, en 1929, pasa a la compañía filial de Latécoère, Aeroposta Argentina, y volverá a reanudar su amistad con los pilotos Henri Guillaumet y Jean Mermoz (pioneros y fallecidos antes que él para su gran dolor y soledad). Mermoz fue el pionero de los vuelos hacia Sudamérica; desapareció en el Atlántico a bordo del hidroavión *Croix du Sud*, el 6 de diciembre de 1936. La muerte de Mermoz tardaría muchos meses de pesar en

---

3 Debo estas informaciones a mi amigo llorado: José Mª López-Aguilar, tangerino de nacimiento, diplomático y piloto, extraídos de una "Conferencia" pronunciada el 2 de junio de 2005, en el Colegio de España, en París, con el Comandante de Aviación de la Armada del Aire; diplomado en Historia, Derecho, Ciencias Políticas y Profesor asociado en Filosofía del Derecho en la Universidad Complutense de Madrid.

su memoria. Y a Guillaumet lo consideraron como desaparecido cuando sobrevolaba el Mediterráneo Central, seguramente víctima del fuego alemán.

Sus muertes le causaron una gran soledad, pues Saint-Exupéry tiene de la amistad un muy elevado concepto... La pena causada por mor de sus desapariciones, le produjeron gran dolor, y quedaría muchos meses en su memoria, especialmente la de Guillaumet. "Lo necesitaba tantas veces... Yo pensaba que sólo a los muy viejos les ocurría haber sembrado por el camino a todos sus amigos...". (Aquí sembrar es una metáfora que equivale a enterrar, poner bajo tierra. Este es otro tropo de los que tanto gustaba emplear a Saint-Exupéry).

Un día, refiriéndose a un accidente anterior de Guillaumet durante la travesía de los Andes, se descubre una sinécdoque llena de significados... Todos le aconsejaban de abandonar su búsqueda argumentando: "Los Andes, en invierno, no devuelven los hombres. Allá arriba, cuando la noche pasa sobre el hombre, se cambia en hielo". Con esa otra metáfora retórica quiere significar a la muerte. (T.H.).

Vuelo nocturno es el reflejo de esos duros años en el Cono Suramericano. Volar para sentirse libre de las ataduras sociales o profesionales; volar para estar a solas consigo mismo, recordar vuelos anteriores y su vida. Esa novela lo consagró como escritor afamado y su popularidad —sin él buscarla— le alcanzó hasta en la aviación.

De esta obrita se vendieron cerca de tres millones de ejemplares, cosa no muy frecuente en un escritor que publicaba desde hacía poco tiempo; fue cosa inaudita en su época. De él dijo André Maurois: "Demasiados escritores, desde hace veinte años, nos han hablado de las flaquezas del hombre. He aquí por fin uno que nos habla de su grandeza". Lo mismo pensaría André Gide aunque no lo dijera tan a las claras. En verdad que lo que impresionaría más en sus escritos es que era muy puntilloso, muy perfeccionista con las palabras a las que cuidaba tanto. Dudaría mucho antes de emplearlas, porque era muy cuidadoso con ellas. Saint-Exupéry escribía letra a letra...

Firma de Saint Exupery

En 1935, su avión se abate en los confines del Sahara medio. Tuvo una avería cuando cruzaba el desierto de Libia. Quería batir un record de tiempo y unir París-Saigón volando. Su avión tuvo que arrostrar un peligroso aterrizaje forzoso; temió por su muerte y la de su mecánico Prévot. Ambos estaban condenados a morir de sed y padecieron las alucinaciones que da la fiebre. Tras tres días y dos noches recorriendo el desierto sin rumbo fijo fueron rescatados por una caravana...

¿El desierto? Tuve que abordarlo un día con el corazón. Durante un Raid hacia Indochina, en 1935, de pronto me encontré en Egipto, en los confines de Libia, atrapado en las arenas como en una liga viscosa, y creí que moriría en ella. (T.H.).

El *chock* emocional que sufrió fue muy grande y lo marcaría para siempre. Durante años el incidente y su resultado final lo hubo de plasmar en letras de molde. La consecuencia ya lo habrán adivinado los lectores: es *El Principito.* Sin embargo previamente lo meditaría lentamente, como tenía por costumbre antes de escribir. Allí, entre las arenas encontró en un beduino la fraternidad universal. Al nómada que le salvó la vida le dirigió el siguiente pensamiento:"Eres el hermano predilecto, y por mi parte te reconoceré en todos los hombres". *(*T.H.).

Allí abajo, en aquel desierto, es donde empezaría a brotar en su intimidad la fantástica historia de *El Principito.* El cuento invita a reflexionar sobre esa vivencia que tan honda huella le marcó y que golpeaba sin cesar sus mientes, hasta que —a causa de otra avería en el Sahara occidental marroquí— después de haberse quedado "dormido sobre la arena a mil millas de toda tierra habitada". Después de una soliviantada noche, despertó de una pesadilla en la que tomó forma "un hombrecito extraordinario" que dormitaba en el corazón del aviador hasta que una mañana se le apareció despertándolo de un profundo ensueño. Fue como una catarsis, una liberación de recuerdos amalgamados; recuerdos que ahora tenían otros significados más profundos. Quería sacárselo del subconsciente y hacerlo aparecer ya como una realidad concreta. En él el aviador nos habla con conocimiento de causa y en lugar de dar forma de relato autobiográfico al conglomerado de las evocaciones que le invadían, prefirió el formato de cuento, pero de cuento histórico, de su vida contada bajo forma de fábula en la que emplea multitud de metáforas simbólicas —su predilección literaria—. El cuento es toda una afabulación de su infancia, reconciliando una exacta observación con su simbolización diversificada. Su lectura nos lleva a fundir distancia y adhesión. Recurre a la retórica; constantemente repite alguna frase que será esencial o substancial. Su pensamiento se ordena alrededor de lo que exige. El relato es un "poema en prosa". Sus palabras exigen atento examen, reflexión. Sus frases lapidarias son a veces redundantes, pero no cansinas. Gustan de ser oídas para que no se olviden. Son imágenes vivas, son cuasi parábolas. "Lo esencial del cirio no es la cera, sino la luz", dice en "Tierra de los hombres".

A medida que van transcurriendo vemos que los hechos experimentados no son una fábula a modo de cuento idílico; el principito se va decepcionando a causa del comportamiento egoísta de las personas adultas que va encontrando en su periplo. Constató el principito que en los hombres prevalece la oscuridad, el desamor, la confusión, la incomprensión... Saint-Exupéry lo dice claramente; no juzga, no sentencia y "no le gusta para nada tomar el tono de un moralista". Contrariamente a las fábulas clásicas, *El Principito* no remata con una moraleja a modo de colofón.

Saint-Exupéry acostumbra a consignar en toda su obra literaria los recuerdos de sus vivencias con una sorprendente precisión. Saint-Exupéry relata sus experiencias y cuando comenzó a fijar definitivamente el cuento en su casa de Long Island (en 1942) recuerda su infancia, con el entusiasmo que sentía de niño... Los editores neoyorkinos Reynald & Hitchcok le solicitaron que escribiera un cuento para niños con ocasión de la Navidad. (Pero resulta que gustó tanto a los adultos que la realidad es que ellos son los que más lo leen y vuelven a leer). La idea del cuento le fue sugerida anteriormente cuando el piloto se hallaba hospitalizado en Hollywood, después de otro grave accidente. Se encontraba sumido en una profunda melancolía. Annabelle –esposa de Tyrone Power– lo visitaba con frecuencia y le leía *La sirenita* de Andersen que resultó ser un buen remedio moral porque, según dijo él mismo: "los libros para los niños le daban imágenes profundas". (A Maurois).

No se sabe a ciencia cierta dónde se escribió *El Principito* (hay tres versiones), pero lo más probable es que fuese en su casa de Long Island. Creo que esto no tiene la menor relevancia. André Maurois que se encontraba invitado en su domicilio nos da testimonio "de la exaltación en que vivía Saint-Exupéry mientras escribía *El Principito*".

Todo lo que relata lo ha vivido antes y lo rememora dándonos cuenta de ello de un modo magistral. Eran recuerdos vívidos que quedaron grabados en su memoria; evocaciones de una infancia dichosa que esboza en unas pocas líneas; y parece como que en su adultez ya estuviese de vuelta de todo.

(Sería mucho decir que intuía su muerte cercana al reengancharse en el Ejército del Aire, aunque ya no tuviese edad para pilotar los aviones modernos). No se considera un héroe; no pretende compararse con un héroe; es un ser humano, vulnerable como todos. Dejó escrito en otro lugar una frase (¿de Platón?) que "sitúa el valor en la última categoría de las virtudes". Sabe de las catástrofes por las que atraviesa su patria y del dolor de sus paisanos y los quiere defender.

El aviador narra brevemente su infancia repleta de motivos que harán de él una persona inquieta y con ansias de saber. Recuerda cuando por vez primera contempla un avión y sólo desea poder llegar a volar para conocer nuevos mundos, nuevas gentes. La misión que el principito se propuso para adquirir conocimientos no es la de un inquisidor; pregunta con el afán de aprender al tiempo que aprovecharía la ocasión para tener amigos. La amistad tiene un valor que sólo los humanos conocen. El más íntimo amigo que tuvo Saint-Exupéry sería

Léon Werth[4], un judío al que con toda probabilidad le unía vínculos tan fuertes que se notan en sus dos últimas obras: *Carta a un rehén* y *El Principito*. Con el primero da ánimos a su amigo y le ofrece de nuevo el amor fraterno que siempre le tuvo; el segundo se lo dedica seguramente como recordatorio de felices días pasados. "Durante la guerra pensaba a menudo en alguien que tiene cincuenta años, está enfermo, es judío...". (C.O.). Para Saint-Exupéry, Léon Werth representaba a los cuarenta millones de franceses. "En momentos privilegiados hemos aprovechado cierta calidad de relaciones humanas:

---

4 Cuando Saint-Exupéry y Léon Werth se conocieron, el primero contaba treinta y cinco años de edad y el segundo cincuenta y siete años. Este último era periodista y escritor conocido: habiendo publicado en 1913, la Maison Blanche, que fuera finalista del Premio Goncourt; y en 1919 escandalizó con su novela *Clavel Soldat,* en la que narraba sus terribles experiencias durante la I Guerra Mundial, de 1914. El encuentro de ambos, propiciado por el periodista René Delange, unió a dos almas fraternalmente. Muchas horas pasarían juntos conversando y exponiéndose sus puntos de vista. Ha de tenerse en cuenta que Léon Werth era mayor que su amigo, además de judío, comunista y pacifista. En la casa que Werth tenía en el Jura, llamada Saint Amour, se fraguaron sendas confrontaciones y complicidades intelectuales que enriquecieron a ambos. Werth se preocupaba que Saint-Exupéry pudiese ser arrastrado a la II Guerra Mundial y le aconsejó marchar a EE.UU. Saint-Exupéry, al otro lado del océano, se inquietaba por su amigo, anclado, escondido, solo y enfermo en la Francia de Vichy. Y circunstancias de la vida, Saint-Exupéry sería el que moriría en la guerra y Werth años más tarde, concretamente en París el día 13 de diciembre de 1955. Léon Werth muy afectado por la pérdida de su mejor y único amigo publicó en el periódico *Déposition* muchas páginas dedicadas a él, que reunió en un libro titulado Saint-Exupéry tel que je l'ai connu (1948).
(El Principito, dedicado, como sabemos a Léon Werth, se imprimió en 1943, en Nueva York. En ese mismo año se publicó en Montreal *Lettre à un otage,* es decir Léon Werth).

ahí reside, para nosotros, la verdad". Por eso *El Principito* tiene el sabor de lo auténtico, de lo genuino: no es una ficción, forma parte de la biografía del autor y así nos lo ofrece. Cuando lo escribió hacía ya muchos años que había salido de la infancia, pero de adulto su infancia no salió de él...

Antoine de Saint-Exupéry fue herido en el alma cuando la Alemania nazi fue "inundada" por una corriente política de extrema derecha: los nazis; perseguidores y asesinos de aquellos que consideraban enemigos del pueblo teutón... Y en Italia los fascistas, enemigos de las libertades... Durante los años 1930-1940 se oían en Alemania ruidos de sables. Ruidos que se convertirían en sones de cañones no solamente en Europa sino por doquier en todo el mundo.

El pueblo alemán —en su mayoría— fue hechizado por un descerebrado— de orígenes inciertos (algunos piensan que sus antepasados eran judíos), —con cabellos negros lisos y ojos azules, que se creía descendiente de la raza "Aria" indostánica. Ese loco visionario tuvo la monstruosa idea de querer aniquilar al resto de la Humanidad. Estaba imbuido por la "voluntad de poder" y del espacio vital *(Lebensraum)*. De ahí su deseo de conquistar el mundo entero... Y, para poder lograr sus deseos, no dudó en eliminar a millones de seres humanos pacíficos, sobre todo a judíos, gitanos, homosexuales, etc. Llegó a cometer el más horrible y gran holocausto jamás conocido en la historia...desencadenando la II Guerra Mundial en 1940.

En 1936, Saint-Exupéry concibe un avión a reacción al tiempo que empieza a garabatear *Citadelle*. Ese mismo año, la España Republicana sucumbió a los cantos de aquellos patrioteros que se aliaron con esos criminales, dividiendo a nuestro país en dos bandos políticos irreconciliables (hasta hoy), la derecha fascista-católica y la izquierda democrática y republicana... En efecto, cuando en 1936 estalla la fratricida Guerra Civil Española, Saint-Exupéry visita nuestro país como reportero de guerra. Visita Barcelona y Lérida, donde pasa dos semanas. En una columna que envió al periódico *L'Intransigeant* escribe:

> *Aquí se fusila como quien tala un bosque. Un país donde los hombres no se respetan los unos a los otros. Un poco antes había dicho: Sí, la vida es una lucha que tiene sus servidumbres, pero tiene sobre todo su grandeza.* (R.P.)

Saint-Exupéry era un pacifista, ¿quizá gracias a su ascendencia judaica conversa?

En su librito *Carta a un rehén* (escrito en recuerdo a sus mejores momentos pasados en compañía de su amigo Léon Werth), nos da un relato condensado y de excelente factura, respecto de un acontecimiento que pudo haberle costado la vida en Barcelona. Una noche oscura asistió —sin ser invitado— al desembarco de "material de guerra secreto" destinado a los anarquistas españoles... Los milicianos lo sorprendieron, lo llevaron detenido y lo encerraron en un semisótano convertido en "puesto de guardia". Saint-Exupéry no pudo identificarse, porque se olvidó de su documentación en el hotel donde se alojaba... Los milicianos sospecharon de ese extranjero que se había atrevido en ser testigo del desembarco de armas. El francés podía ser un espía... No tenía coartada, no sabía cómo expresarse para ser comprendido... hasta que se produjo un milagro: ¡una sonrisa! En efecto, esbozó una sonrisa al ver a su carcelero encender un cigarrillo... Y entonces el drama se convirtió en un "milagro". Con gran sorpresa, vio que el miliciano le respondió con otra sonrisa ofreciéndole un cigarrillo... El "milagro" fue la compensación que tuvo Saint-Exupéry cuando escribía artículos para ofrecer al mundo las desgracias del pueblo español —que tanto quería— perseguido, aprisionado y asesinado por los nazi-fascistas ayudados por la Iglesia de Roma.

Me introduje en su sonrisa, como en otra ocasión con nuestros salvadores del Sahara. (R.P).

(Alusión a su salvamento y al de su mecánico Prévot, en ocasión al accidente que ambos sufrieron en el desierto libio, dos años antes).

En 1937, el aviador Antoine de Saint-Exupéry hace la primera conexión Casablanca-Tombuctú. Luego vuelve a España, esta vez a Madrid. Se instala en el Hotel Gran Vía; escribe para el *Paris-Soir*. En Madrid coincide con Henri Jeanson, que escribe sobre nuestro reportero:

La miseria del pueblo español le indigna, su valentía le deja estupefacto y el gran desorden... le aflige mucho; le gustaría circular libremente por el frente republicano. En Madrid y Carabanchel, ¡qué tragedia de guerra! Allí coincide también con André

Malraux, Hemingway, Kessel, Brasillach... todos ellos ilustres plumas que van a informar sobre una lucha que no dejará indiferente a Europa. (R.P).

Está tan dolorosamente afligido por la tragedia española que escribirá en su *Carnets: Sobre España, se tienen ganas de curar las heridas de todos y reunirlos bajo una capa de pastor. (Paris-Soir,* 1937). (R.P).

Saint-Exupéry envía artículos sobre los terroríficos combates de Madrid, Carabanchel y sus alrededores con el fin de informar al mundo sobre las horribles matanzas de esa guerra maldita.

En 1938, Saint-Exupéry, con el beneplácito del ministro de la Guerra de Francia, marcha a los EE.UU y trata de unir, en un Raid, Nueva York con Tierra de Fuego, pero se estrella en América Central. Ese fue su quinto accidente y el peor de todos… De Guatemala lo trasladan, en estado comatoso, a Nueva York, donde, durante su convalecencia, acopia y pone a punto *Tierra de los hombres.*

En 1939, en febrero, publica *Tierra de los hombres,* obteniendo un enorme éxito y también le Prix du Roman de l'Académie Française… El libro es traducido al inglés bajo el título *Wind, sand and stars* que obtiene un enorme éxito y fue declarado como *best seller* y "Libro del mes". Vuelve a Francia y junto a Henri Guillaumet, fue condecorado con la Legión de Honor. El 7 de julio, con Guillaumet, sale para Nueva York a bordo del hidroavión "Teniente de navío París", en un intento de cubrir y batir el record de travesía del Atlántico Norte. A su vuelta a Francia, el 4 de septiembre, el capitán Saint-Exupéry es movilizado en Toulouse donde consigue, excepcional-mente, poder volar. Hace algunas peligrosas misiones de reconocimiento aéreo. Al mismo tiempo hace varios esbozos sobre *El Principito.* (Lo que hace pensar que el cuento no fue concebido en Long Island a petición de sus editores americanos, para los niños).

En1940 Estalla la Segunda Guerra Mundial, pro-duciéndose la ofensiva alemana sobre Francia; Saint-Exupéry fue movilizado como oficial de reserva y, gracias a influencias y amistades le permitieron pilotar aunque ya superaba la edad para manejar aviones tan modernos. (A causa de los muchos accidentes que tuvo su hombro izquierdo quedó completamente destrozado). De sus misiones de reconocimiento sobre Arrás (Francia) nacerá *Piloto de guerra.*

En 1942 publica en los Estados Unidos *Piloto de Guerra* bajo el título *Flight to Arras,* que se mantiene durante seis meses como cabeza de los *best sellers*.

En 1943, al volver de nuevo a EE.UU, al no estar de acuerdo con la firma del Armisticio de Francia con la Alemania nazi, lanza por radio, en Nueva York, una llamada a la unión de todos los franceses contra los nazistas y los colaboradores franceses y escribe *Carta a un rehén,* dedicada a su más dilecto amigo (Léon Werth) del que nada sabía, sólo que allí estaría enfermo y sufriendo en Francia. Y, a través de él a todos los franceses.

En primavera de 1943 es cuando se edita *El Prin-cipito.* (A los cuatro o cinco años de su concepción; no como cuento para niños, aunque alguien dijera que le fuese pedido por sus editores, como regalo de Navidad).

Vive con dolor la época contradictoria y turbulenta de la invasión de su patria. Dejó dicho en *Tierra de los hombres:* "La guerra es una enfermedad" (convertida en pandemia extendida a todos los países, digo yo). Pide regresar a Francia para incorporarse al Ejército del Aire, después del desembarco norteamericano en África del Norte. Tomó conciencia de la gravedad y peligro; se sintió concernido. De nuevo surgió el deseo de volar pero esta vez por más noble causa. Cambia la pluma por el aeroplano: ambos son sus únicas herramientas de trabajo (material y espiritual). Aunque ya haya pasado el límite de edad, lo nombran capitán de una escuadrilla de reconocimiento en Córcega, y volando es testigo visual del desastre que sufre su patria. El día 31 de julio de 1944, sale de la base aérea de Borgho, en Córcega, para efectuar una misión de reconocimiento aéreo por encima de los Alpes y del mar Tirreno. Su avión es abatido por los nazis y se precipita ardiendo en el mar. Ya no regresaría... Su obra póstuma fue publicada inconclusa bajo el título de *Ciudadela,* que había comenzado a escribir desde 1936. En ella escribe:

No tenéis derecho de evitar un esfuerzo sino en nombre de otro esfuerzo, porque debéis crear. (C.D.)

Antoine de Saint-Exupéry fue un filósofo, un sabio renacentista, un inventor, un matemático; en suma un genio y además un gran escritor que comprometió su vida en su obra. Se tiene por costumbre leer su obra, más de una vez, una y otra vez siempre con el mismo deleite.

VI

Saint-Exupéry, el aviador y el principito...

La felicidad del hombre
no está en la libertad, sino
en la aceptación de un deber
(André Gide)

En varios capítulos del cuento, Saint-Exupéry al hablar del principito lo llama *Petit bonhomme* (Hombrecito); con ello nos dice que el principito es algo más que un niño. Ese niño no era otro que él mismo. En un soliloquio silente lo dice claramente: "Me creía semejante a él".

Como no podía ser de otra manera, hemos de considerar que el poeta lionés, el aviador y el principito se expresan del mismo modo. Son la misma persona, aunque los tres estén presentes en el cuento independientemente. La trilogía representa tres aspectos de una misma vida. El principito es personaje inventado como fiel reflejo del niño Antoine, igual que lo es el aviador. En un poliedro regular con tres caras y una base, cada una de ellas nos muestra las distintas fases que fueron unidas por Saint-Exupéry. El comportamiento de uno se lo debe al corazón (amor), del otro es a la razón (pilotar) y el del tercero es debido a la interiorización de todo lo aprendido y de las consecuencias que de ello obtiene (el altruismo). El hombrecito y el adulto se complementan; el uno es ternura, el otro, dureza exigente, sensatez y sesudos razonamientos.

Saint-Exupéry tenía obsesión por el lenguaje, por un lenguaje riguroso para poder expresar con claridad lo que desea transmitir. Se enoja cuando sus interlocutores o los demás emplean un lenguaje pobre y mediocre, incoherente y vacío de contenido. Cuando hablan no dicen nada. Él prefiere un lenguaje claro y expresivo, que tenga también un sentido espiritual. Por eso dice que "El lenguaje es fuente de malentendidos". Algo parecido le ocurre a la mirada; a veces suele ser equivocada o conduce a equivocación. De ahí que "No se ve bien sino con el corazón. Lo esencial es invisible para los ojos". (P.P).

A través de un personaje, en otro libro dice que:

"Detrás de cada cosa, se oculta lo que yo adivino. Con un esfuerzo creía poder comprender, por fin iba a conocerlo y a captarlo…" No se debe aprender a escribir, sino a ver". (C.S.).

Sabía elegir las palabras adecuadas a cada situación, el valor que tienen y las usa con sumo cuidado para darles el significado más preciso posible. Su mayor cualidad literaria era su facilidad de síntesis; decía cosas importantes con pocas palabras, con las que designaba la actitud de un personaje, de un tipo, muy sucintamente y a continuación añade la metáfora con hondo significado simbólico. Esa manera de metaforizar ha sido una constante en toda su obra literaria. Y podía hacerlo por su gran conocimiento de la lengua. No necesitaba largas perífrasis, se contentaba con darnos la señal simbolizada. Gustaba de emplear tropos para significar, para ser comprendido. Y esos tropos los exponía en dos renglones: uno para designar y otro por comparación. Con ese modo de expresión deja al lector la libertad de interpretación del símbolo, del tropo. Gusta de emplear frases con antónimos para darnos con sus aparentes contradicciones imágenes tan fáciles de comprender, como por ejemplo: "Por sentir hambre de luz". Y otro como: "de noche sobre el esplendor de un mar de nubes" (Bello tropo. Aquí, como en otros lugares gustaba de usar la figura retórica de palabras opuestas: oxímoron: el mar de nubes, cielo aborregado; son una misma cosa).

El Principito es —en su totalidad— una alegoría en la que el autor se vuelca y asume el mundo en el que está inmerso. Nos muestra el esfuerzo que hace por aclarar los problemas que padece la humanidad que está presa en un cuerpo físico que es su prisión de la que se ha de liberar para escaparse. En eso consiste la evasión del principito de su planeta: buscar el conocimiento a través de su experiencia vital. El cuento da la impresión que fue concebido para que agradase principalmente a los niños. Sin embargo no es un cuento de aventuras de un niño curioso y preguntón. Es el relato interiorizado de un hombre, es como una gran y extensa parábola; sus reflexiones se hallan dispersas en toda su obra escrita. *El Principito* se ha convertido en un libro de meditación para los adultos que –si son sensibles– han conservado intacto el niño que llevan en su pecho; en suma, podría ser un recordatorio para aquellos que sienten la nostalgia de una infancia generalmente plácida y feliz. Se acuerda mucho de su niñez y se sintió engañado por las ilusiones de su juventud. Está defendiendo siempre al niño que fue y eso le volvía melancólico. En la civilización se encontraba muy solo, muy asolado. Únicamente se hallaba a gusto cuando estaba consigo mismo, sobre todo cuando volaba y tenía todo el tiempo para pensar.

El Principito resulta ser un poema que cuenta una alegoría sobre la búsqueda del Conocimiento y del Amor, del saber y de la amistad; éstos en el lato sentido de la palabra. Repito, es una alegoría llena de simbolismo fervoroso. Es como el árbol frutal que, como símbolo de entrega de sí, da sus frutos sin esperar algo a cambio. En este sentido es altruista; la savia recibida la convierte en dulzura y en alimento. El trabajo de pilotar y escribir llenaba la vida del aviador y del escritor; una ocupación era prolongación de la otra. Así el piloto se convierte en mensajero, pero no por esta profesión, sino por la necesidad de contarlo todo.

En todas las obras de Saint-Exupéry se reflejan sin ambages todos sus actos, todas sus experiencias. En sus escritos nos muestra con nitidez sus reflexiones sobre su modo de actuar y nos los da como convicciones íntimas bajo forma de un monólogo interior, de un soliloquio. En el fondo lo que nos cuenta es su gran aventura vívida interiorizada. No debe sorprender que el autor –hombre de letras– y el piloto –hombre de acción– son la misma persona. Saint-Exupéry lo explica en una entrevista de 1933, cuando le otorgan el Premio de la Academia Francesa:

–¿Qué cuenta más para usted, la aviación o la obra literaria?–.

–Para mí, volar o escribir son una misma cosa. Lo importante es actuar y establecer en uno mismo el punto de referencia–.

El aviador y el escritor se confunden en una idéntica toma de conciencia. (Luc Estang).

El aviador es como el principito, en cada escala de sus viajes va obteniendo conocimientos que son los que lo afirmarán en su noble idea de querer saber; a medida que va conociendo va separando los valores negativos en el plano material y de los positivos en el plano espiritual. Concede una gran importancia al pensamiento (parte interior del ser) y a la acción (obrar). Los dos van siempre unidos. Al final de sus escalas halló el verdadero sentido de su vida, de la vida de los hombres; desea que se construyan a sí mismos y ello gracias al descubrimiento del principito del que desde que tomó "vida" exterior ya nunca se separaría de él. Ni aún cuando se muere...

Sus obras *derraman confianza como una lámpara derrama luz* (V.N.). Le gustaba la "alquimia poética". Para él, el avión no es sólo una herramienta de trabajo, sino también y sobre todo un instrumento con el que desde las alturas descubrir uno de los aspectos más verosímiles del planeta Tierra, tan áspero, en el que los hombres se endurecen como la arcilla de que están hechos. Descubre una paradoja inexpresable: en la Tierra opaca sacia su hambre de saber, su hambre de luz y el sentido que da a su vida y, dice: "Lo esencial es siempre la acción...". Toda su obra es un bello canto activo al humanismo, al progreso del hombre que consiste en descubrir, en crear; y sólo ha de contar para él el sentido de las cosas, no las cosas.

No es el avión lo que le conduce a los libros: "es un órgano de percepción de las cosas... y las cosas tienen tantas caras como hay modos de servirse de ellas".

Lo mismo sucede con los símbolos, con las metáforas... Éstos, aunque estén henchidos de muchos significados, son el soporte de un sólo significante. Ello permite que cada cual "vea o sienta" el mensaje que encierra en su interior, sea o no análogo o similar al mío. El símbolo no es de nadie porque es de todos.

Saint-Exupéry era pudorosamente tímido; le costaba hablar de sí mismo. Era francamente modesto y muy amable. Al parecer el tono de su voz era muy suave, muy dulce. Era también un soñador y muy exigente consigo mismo y, por ende, con los demás. Era elegante de alma. Solía dar cien veces más de lo que tomaba. Fue un hombre muy reflexivo. Ningún asunto humano le era indiferente. Le gustaba descubrir nuevos mundos, nuevas gentes pero siempre sintió el mismo fracaso, el mismo infortunio, la misma frustración: todos los hombres, en todas partes, le parecieron iguales en sus actitudes. Por eso repetía, una y otra vez, que "los adultos son realmente gentes muy extrañas", muy raras, al tiempo que constataba la gran soledad que envolvía sus vidas. La inmensa mayoría de ellos era ignorante, materialista y sin ningún deseo de progresar espiritualmente; sólo les interesaba el dinero, el poder, la corrupción... El autor, como buen observador que era, plasmó sus impresiones en todas sus obras escritas. Nunca malgastó su tiempo en nimiedades mezquinas, ni en circunloquios extensos.

La auténtica aventura y lo esencial sigue siendo la del Conocimiento. (In L.Estang)

El Principito, que en principio debía ser un cuento destinado a los niños, si bien les gusta, en realidad va dirigido a las personas adultas. Saint-Exupéry se considera como un "constructor de hombres" o al menos eso es lo que se puede colegir no sólo de *El Principito* sino de toda su obra. En definitiva ése es su Humanismo.

Durante sus noches de insomnio y aún durante el día, tras el accidente en Libia, meditaría mucho sobre la brevedad de la vida y la muerte. Citaba muy a menudo a la muerte; su experiencia africana le dejaría una permanente huella sentimental. Hablarían poco él y su mecánico, pero la imaginación galoparía en pos de un espejismo producido por la fiebre que lo atenazaba. Las imágenes de su vida desfilarían rápidas en su mente; su infancia feliz la símas de las veces se repetía en su "visión" interna como una película que se rebobinaba sin cesar. Se sentiría tan indefenso como un niño y en su mente se mezclaban todas las sensaciones, todas las experiencias vividas. Sufrió muchos desengaños y eso lo refleja muy bien el principito —o sea él mismo—. Tenía por costumbre monologar, hablar consigo mismo; establecer soliloquios silentes y uno de los que se repetían en su mente era el "diálogo con el niño que guardaba en su pecho". El cuento lo fue pergeñando y madurando durante años, en los que se repitieron muchos otros accidentes que le dejaron terribles secuelas físicas; sufría muchos dolores en silencio. La muerte de algunos de sus compañeros lo marcaron con dolorosa tristeza; sus pesares le durarían muchos meses...

Cuando en 1940 desapareció para siempre su compañero Henri Guillaumet se dijo: "Ya no tengo a nadie vivo con quien compartir recuerdos. Así o con parecidas palabras empieza *El Principito*: He vivido solo sin nadie con quien hablar verdaderamente...".

Insisto, el aviador y el niño son felices por una parte y decepcionados por otra. Los tres quedarían desengañados por el comportamiento humano. Pero a ninguno de los tres les gustaba pontificar ni juzgar a los demás. Saint-Exupéry exponía sus pensamientos en base a sus experiencias que él sabía eran intransferibles. Se contentó con unos cuantos personajes humanos que son como un resumen de los habitantes de nuestro planeta interesados solamente en lo que cada cual hace. Saint-Exupéry queda discretamente oculto, como detrás de bambalinas; el aviador-narrador que, en cumplimiento de su deber se aferra a "su" avión y tiene tiempo para reflexionar durante su experiencia compartida con el principito. El resultado de sus reflexiones es una obra que va más allá que una simple fábula, aunque todos: las flores y los animales dialoguen con él. De su experiencia con el zorro (que en realidad era un zorrito del desierto, un fénec) se forma una escala de valores que le permitirá amar y comprender lo que hasta entonces intuía. Así, la vida de los tres toma otro rumbo después de la experiencia planetaria del principito... Sus viajes interplanetarios son fiel reflejo de lo experimentado por el autor, es decir, por él mismo; es un compendio muy resumido de su biografía.

Trato de señalar la importancia que dio Saint-Exupéry al símbolo o al menos al significado simbólico de lo que expresa. Sabe el valor que tienen los símbolos, los arquetipos, los tipos, con significados bien precisos. A veces da la impresión que se expresa con alegorías, que tampoco son símbolos por sí mismas, sino que expresan simbólicamente el modo de sentir y de vivir de algunos prototipos ejemplares y fáciles de ser reconocidos por todos los lectores. No nos cuenta la biografía ni el aspecto físico de ninguno de ellos, pero sí sus modos de vivir, sus vivencias hueras, al tiempo que su incapacidad de llegar al otro. No tienen amigos, no aman a nadie. Ese es también el sentido simbólico que Saint-Exupéry nos quiere transmitir con sus palabras.

VII

Simbolismo

*No puedo alcanzar una verdad
que no sea simbólica... Me expreso
en símbolos con toda naturalidad.*
(A. de Saint-Exupéry)

Me gustaría poder transmitir a mis amables lectores que la interpretación que doy sobre el simbolismo –los símbolos– que he hallado en *El Principito,* está despojado de todo valor místico o religioso. Obedece únicamente a mi exclusiva visión de ellos, a mis deducciones. El significante es el mismo, pero los significados pertenecen a cada observador. Al igual que en las obras de arte, el observador solamente descubre lo que él lleva.

Con el fin de facilitar la comprensión de lo que considero como símbolos y arquetipos que Saint-Exupéry utiliza en *El Principito,* trataré de ofrecer una sucinta explicación de lo que significan para mí esos términos y sus relaciones con el autor del cuento.

La palabra símbolo es de origen griego. En la Antigüedad no se tenía una clara noción de la realidad que representa. En su sentido lato, la voz significa: "La unión de dos términos" que representaban una tentativa de definir la realidad abstracta o ideas cuyas imágenes eran visibles para los ojos. Así se puede comprender que el símbolo es "Un todo imposible de ser descompuesto". La voz simbolismo es conocida como siendo un conjunto o sistema de símbolos que da fe de cosas verdaderas y significantes que encierran tantos significados como les dan aquellos que lo experimentan sin menoscabo de su esencia. El símbolo se siente de modo subjetivo y sus posibles significados son, con frecuencia, esencialmente objetivados por cada individuo. Resulta ocioso e imposible querer unirlo a los términos que componen la alegoría metafórica. Esta es la representación de una idea abstracta por medio de un objeto, una cosa, que tiene cierta relación real o convencional.

Insistiré que el simbolismo es, quizá, una de las primeras manifestaciones culturales que se produjeron en los homínidos, los primeros hombres pensantes y con consciencia de sí. Desde los seres humanos más arcaicos hasta nuestros días, los símbolos marcaron y marcan profundamente a toda la humanidad. Jamás ha existido tradición alguna, ni cultura que no haya tenido como punto inicial a los símbolos. En consecuencia diré que ellos son las trazas históricas y culturales que preexisten al lenguaje articulado. Todas las observaciones de los primitivos hombres, todo lo que despertó en ellos un interés primordial, era el deseo ardiente de saber, de conocer y con ello poder darse una explicación del mundo que les rodeaba. Y hallaron que todo aquello que veían tenía algo más que lo que su apariencia mostraba, que todo estaba habitado –como ellos– de un espíritu: el río, el monte, el mar, el cielo, el universo… ¡Sí! A partir de entonces, el hombre entró, sin saberlo, en un mundo simbólico.

Con los símbolos se han construido todas las lenguas y con éstas se forjaron las formas épicas, legendarias, etc., que estuvieron en los orígenes de las creencias religiosas, de las religiones y del bien y del mal… Los símbolos serían las "herramientas" que utilizaron hombres primitivos para explicarse su "visión" ideal del mundo, de su entorno. Asociaron las estrellas y los planetas… Para ellos, toda la Naturaleza no era sino una inmensa "hierofanía" (en el sentido que Mircea Eliade dio a ese término). Un inmenso y mágico antropomorfismo. Todo estaba animado por el Espíritu.

En llegando al estado de abstracción mental nombraron todas las cosas que creían animadas, (de ánima, alma). Al parecer así es como se formó la idea de la religión: imaginando un mundo paralelo a éste pero en otro plano. (Aún hoy mucha gente lo cree así). Esto que nos parece hoy fácil de comprender lo debemos a los muy recientes conocimientos de la mentalidad primitiva, según Lévy-Bruhl… Consecuentemente todos los símbolos están ligados al dominio religioso, de una u otra manera. Todas las lenguas habladas hunden sus raíces, sus etimologías están cargadas de antiguos simbolismos. Las poblaciones, por muy alejadas que estén unas de otras, poseen los mismos elementos constitutivos de sus respectivas culturas. Adquirieron sus conocimientos por ellas mismas o por aculturación. Y, gracias a sus contactos se enriquecieron mutuamente.

Los psiquiatras dividieron los símbolos en dos categorías: una de ellas para los iniciados; la otra está compuesta por símbolos profanos destinados a las masas populares. Los primeros se denominan esotéricos (ocultos, secretos); los segundos exotéricos (públicos, asequibles a le generalidad de las gentes). Estos últimos son los que vemos siempre y nos acompañan en todo momento. Su comprensión es inmediata pues están representados por logotipos, imágenes, iconos y otros signos que nos previenen o anuncian (peligros, comercios, marcas comerciales, etc.). Esos símbolos gráficos tienen una relación directa entre significantes y significados que no necesitan más explicación. (El Código de Circulación lo comprende todo el mundo).

En consecuencia, el lector podrá tener una idea muy clara del sentido simbólico que doy a los tipos o personajes que figuran en *El Principito*. Ceo que así podré facilitar la comprensión de lo que considero como símbolos y arquetipos que Saint-Exupéry utiliza. Trataré de ofrecer una explicación sucinta sobre lo que significan esos tropos, metáforas, etc., y su relación con el autor y el cuento.

El simbolismo, repito, es tal vez una de las primeras manifestaciones culturales que produjeron los primeros hombres pensantes... Desde las más primitivas eras hasta nuestros días los símbolos han marcado profundamente a toda la humanidad. No ha habido ningún pueblo que no haya tenido por punto inicial de cultura a los símbolos.

Hoy más que nunca el símbolo exotérico invade y rodea al hombre moderno. Y creo que no dejará de ser mientras exista la humanidad... (El símbolo gráfico, el logotipo o icono es un elemento indispensable en informática, que emplea grafismos expresivos así como diagramas con los que representa monedas, etc). Los símbolos más extendidos hoy son © y @, (ésta es de origen español o mejor del árabe andalusí; significa medida de peso: *arrub*=arroba, muy empleados en las direcciones de correos electrónicos o E-mail).

Al parecer, al igual que los hombres primitivos, los niños (las personas que aún no han alcanzado el estado del pensamiento elaborado), son capaces de asociar ideas (o sea símbolos) y con ellas formar sus concepciones del mundo al que llegan a conocer simbólicamente. (Los dibujos animados son un buen ejemplo de ello). Aquellos son los símbolos que han dado validez al verdadero sentido de los mitos... Todas las palabras heredadas están cargadas de símbolos en sus raíces etimológicas. En efecto, desde su más tierna infancia, el niño explica su entorno por medio de símbolos, que le ayudarán a comprender la vida y sus circunstancias.

Todas las voces tienen un substrato simbólico en sus orígenes, razón por la cual conviene escrutar atentamente las palabras de *El Principito,* con el fin de intentar hallar en ellas los detalles que se esconden en su interior. Sólo así podremos alcanzar el pensamiento más profundo de Saint-Exupéry puesto que así los ha escogido para expresar sus sentimientos. Por ello, es conveniente que el lector proceda a una lectura lenta y pausada y, si es paciente, que no se precipite y no continúe leyendo antes de hallar un significado —el que sea— y más tarde lo aclarará a medida que va reflexionando sobre otras palabras y su contexto. Así es cómo me impuse analizar el contenido que ocultan, que esconden, las palabras en *El Principito.*

Ya sabemos que los símbolos fueron divididos en dos grupos: religiosos y laicos. El carácter laico que nos es dado en *El Principito* se refiere a los comportamientos de los personajes, así como a las conductas de las que podemos deducir significados. En *El Principito* sólo tienen un carácter moral y profano, que nada tienen que ver con algo que denote cosas diferentes a lo que dicen a primera vista. A esta suerte de símbolos se les conoce como "Culturales". Su estudio "requiere inteligencia, intuición y sensibilidad". Tratan también de "Dones y carismas". A los símbolos sagrados es necesario interpretarlos individualmente, porque bajo un mismo continente se encuentran diversos contenidos, que cada *qüisqüe* interpretará a su manera. Alguien ha dicho que el símbolo "es el impulso creador de una potente fuerza". Sin duda, en toda la obra de Saint-Exupéry, él utiliza símbolos simples para "con ellos llegar a alcanzar ideas superiores".

"Los símbolos llamados Culturales fueron empleados para expresar verdades históricas..." Pero el racionalismo "ha destruido la capacidad de respuesta a las ideas luminiscentes". En general, los hombres actuales han perdido el sentido que se tenía con anterioridad. Gran parte de la humanidad se ha desposeído de las cosas concernientes al espíritu y ahora no tienen nada más que un modo de vida cotidiana en la que piensan en cosas pocos insignificantes, banales, que los someten a un *modus vivendi,* a una existencia alejada del mundo sensible; prefieren lo trivial, la banalidad que –de ordinario– suele ser poco importante.

La inmensa mayoría de las personas viven "apegadas" a sus pequeñeces, como aquellos personajes que permanecieron sentados en el antro platónico de la "Alegoría de la caverna", en el que los hombres estaban atados a sus asientos y solamente podían ver sombras reflejadas sobre una pared frente a ellos; tenían la ilusión que allí residía la verdad y la vida…Vivían en la ignorancia de otro mundo y desarrollaron sus modos de vida en un materialismo pragmático a causa del desconocimiento de la Belleza y de la Moral. Desconocían también el amor al prójimo, cosa que les impedía liberarse de la angustia, de lo incierto y de la ignorancia… Platón nos hizo comprender que la mayoría de los individuos está limitada a cosas muy mezquinas sin llegar nunca a ir más allá de su cotidianeidad, generalmente muy mediocre…

He intentado sumergirme al fondo de los símbolos, tropos y metáforas o alegorías sucintas que contiene *El Principito*. (Insisto, bajo mi punto de vista). No es una solución de continuidad, porque los símbolos, sus interpretaciones son puramente subjetivas. Y si los he apartado de toda connotación mística o religiosa es por la simple razón de no convertir el relato en un canto a las creencias religiosas dadas en el catolicismo. No obstante, tengo la convicción que el cuento –su contenido– tiene su "origen" en la Sagradas Escrituras, en el Antiguo Testamento. (Basta con escudriñar sus escrituras).

Según Luc Estang, al referirse sobre la fe de Saint-Exupéry dice:"Al mismo tiempo expone lo que a él le detiene como a tantos otros que se sientan vacilantes, molestos ante el umbral de la iglesia". (Luc Estang).

Saint-Exupéry expone claramente lo que sigue:

… el cristianismo no se oponía a nada en el mundo romano (opinión discutible, pero ¡en fin!). Hoy día entra en conflicto con capítulos de mi pensamiento, que tengo derecho a mantener. Tengo derecho también a conservar los valores religiosos. Pero el mismo derecho de lamentar que al no conciliarme con el mundo, no ofrezco más la síntesis evidente que ofrecían al mundo romano. Ya no tengo un lenguaje coherente. (C.N.).

¿Y qué es la pérdida de un lenguaje coherente si no el mito de la Torre de Babel? (Luc Estang).

Saint-Exupéry es "un místico sin fe. Su cristianismo es elogiado, pero es un cristianismo sin Cristo". Saint-Exupéry confiesa sin ambages "sus valores porque son necesarios y fértiles. Yo nunca he tocado a Dios, porque un Dios que se deja tocar ya no es un Dios…". (Clara alusión al catolicismo que adora, venera, toca y besa imágenes de materiales diversos: iconos, pinturas, esculturas).

Solamente el espíritu, al soplar sobre la arcilla, puede crear al Hombre. (T.H.).

Clara alusión a la Torá: "Formó Yavé Dios al hombre del polvo de la tierra, y le inspiró en el rostro aliento de vida, y fue así el hombre ser animado" (Gé: 2; 7),

"...hasta que vuelvas a la tierra. Pues de ella has sido tomado". (Gé: 3; 1).

Al hablar sobre su creencia religiosa, Saint-Exupéry nos la da a entender con palabras que no son "fuente de malentendidos":

Existe un solo problema, el único: descubrir nuevamente que existe y una vida del espíritu a la inteligencia, la única que satisface al hombre. (T.H.).

Pero, un cristianismo sin Cristo, ¿no es el judaísmo de los esenios?[5]

Esa vida que señala no es la vida religiosa. En resumen, eso será lo esencial de su vida y en eso consiste su idea de la construcción del hombre. Ese será su Humanismo.

Estas reflexiones le conducirían a realizar un gran esfuerzo creciente con el fin de aclarar los problemas permanentes...Su toma de consciencia de sí y del Universo lo asegura cada vez en la búsqueda del Conocimiento.

Creo que eso es lo que quiere transmitir El Principito cuando dice que ha venido "para conocer y buscar amigos". La amistad, el amor son los eslabones que unirán a todos los humanos.

---

5 Se cree que Jesús de Nazaret era esenio procedente de Quirbet Qumram, en el Mar Muerto, en cuyos manuscritos se hallan los principios que rigieron el comportamiento de esa secta judaica con el prójimo. Esto y las virtudes son las únicas cosas que no se pueden comprar: hay que cultivar con paciencia para obtener frutos, que llegarán sin ser solicitados.

En ello (según mi opinión) se establecen los fundamentos de la alegoría que es *El Principito*, "en dar nuevamente a los hombres un significado espiritual"… Porque cuando el hombre vive y trabaja con el único afán de los bienes materiales a lo único que alcanza es a construirse su propia prisión, en la que se encierra solitario con sus riquezas, sus lujos, su pereza y sus vicios… Pero la grandeza humana de Saint-Exupéry consiste en que se basa principalmente, en unir a los hombres, ya que el verdadero lujo es tener relaciones fraternas.

Por mi parte, he puesto sumo cuidado con el fin de no traicionar al autor ni a su intención, que no es otra que un canto a la grandeza de los seres humanos: su amor hacia ellos y su profundo deseo que se "construyan" interiormente hasta la total plenitud del ser.

El Principito es tan sugestivo, tan apreciado, y reconocidos sus valores, que ha sido traducido a más de doscientas lenguas escritas en el mundo. (Esta editorial ha publicado recientemente una traducción al latín por esta Editorial). Es el segundo libro más leído después de la "Santa Biblia". El tercero es "El ingenioso hidalgo Don Quijote de la Mancha". Pocos son los libros que han alcanzado tanta universalidad.

Desde sus primeros años, el niño, si se le pide, explica su entorno por medio de dibujos muy simplificados, que son los que le ayudarán a comprender la vida y sus circunstancias.

La interpretación de lo simbólico requiere atención y reflexión. Los símbolos proclaman con su presencia (real o virtual) otra realidad que solamente percibe el que ponga interés en ello; así es que me siento obligado de advertir al amable lector que mi interpretación del simbolismo que veo en el cuento, es visión mía personal e intransferible… Por mi parte he procurado alejarme de la interpretación simbólica mística o lírica que también pudiera contener. Y que de hecho tiene.

El lado simbólico en *El Principito* que aquí nos interesa se manifiesta a través de las palabras pronunciadas por todos los personajes o arquetipos que por él se pasean. Saint-Exupéry nos los muestra haciéndonos un guiño con sus metáforas y paradigmas que hacen que tengan varias facetas interpretativas… Pero hay algo en lo que debemos insistir de acuerdo con el autor: *El Principito* "no hay que leerlo a la ligera", como si se tratara de un cuento más, de un cuento de hadas. Así es que debemos escudriñar con paciencia las frases para encontrar en ellas algo más que su aparente contenido.

Creo que en la sabia elección de sus personajes o arquetipos Saint-Exupéry los utiliza como símbolos dándoles una finalidad: que el lector pueda tener una más clara idea de sus respectivos comportamientos. En toda su obra utiliza símbolos que representan imágenes sugerentes bajo forma de tropos, según del asunto que trate, que son por definición la muestra de una idea abstracta o de una cosa por medio de un objeto que tiene con ella cierta relación real, sea tangible o no, ora convencional, ya creada por la imaginación. Por ejemplo: evoca las estrellas, comparándolas con cascabelitos con música, que saben reír. Todos los símbolos que nos trae son sencillos pero con una gran capacidad para expresar ideas superiores, como las de todos los poetas. Alguien ha resumido muy bien el estilo del aviador-narrador que da a su obra la mejor definición posible: "Documental lírico" (así lo llama su biógrafo, Luc Stang). Saint-Exupéry tenía muy claro todo lo que escribía; todos sus pensamientos maduran lentamente en su inconsciente... Las palabras no son nada si no tienen contenido, por eso éstas "son fuente de malentendidos". Sabía muy bien elegir las palabras adecuadas y nos las da bien pensadas para trasladarnos sin esfuerzo a su mundo espiritual, lírico, romántico y real. Lo constatamos en cada frase, en cada situación y nos enseña a servirnos de ellas como él se sirve de metáforas simbólicas. Tiene una sensibilidad que lo eleva más allá de lo que pueda sentir el común de los mortales. Su escritura es diáfana y sencilla, al alcance de cualquier lector sensible. Saint-Exupéry es un autor pragmático, diestro y hábil con el lenguaje poético y nos lo ofrece como la flor su aroma.

> *Una palabra o una imagen es simbólica cuando representa algo más que su significado inmediato u obvio. Tiene un aspecto inconsciente más amplio que nunca y no está definido con precisión o completamente explicado.* (C. Yung).

En cada uno de los personajes que nos presenta se puede encontrar un símbolo cuya interpretación ha de coincidir, en lo posible, con la cosa simbolizada en cada caso. Como ejemplo de prototipos tenemos a los tipos reseñados: Monarca, Vanidoso, Beodo, Rico-hombre, Farolero y Geógrafo. Todos estos personajes representan a un modelo de persona primaria cuyas vidas están limitadas por sus quehaceres; todos están consagrados a una determinada tarea. A cada uno de ellos se le puede muy bien atribuir un símbolo o darle un significado simbólico a su modo de vivir, que no es de otro orden que el material. Ninguno de ellos supera el estadio de lo que les es práctico. Sus maneras de entender la vida, sus comportamientos, sus vicios y desdichas los aúnan en un universo material que les impide progresar espiritualmente, tener sensibilidades de otro orden.

Con toda seguridad Saint-Exupéry se los ha encontrado durante su vida. Sólo nos da esos seis ejemplos, pero todos ellos y aún más pueblan la Tierra y nos los muestra sin acritud ni desprecio. Nos da a conocer las imperfecciones de los hombres; conoce sus flaquezas, sus vicios y su falta de humanidad. Saint-Exupéry nos los presenta con claridad meridiana para que cada lector saque las consecuencias que desee, sin por ello emitir un juicio de valor moral sobre ellos. Son así y basta. Unos encuentran en lo que hacen cierta felicidad y otros se resignan con su sino, sin tratar de modificar su comportamiento. Quizá los aborrezca o los compadezca, pero nos oculta sus sentimientos al respecto; tal vez porque cumplen con su destino contentándose o quejándose. Ninguno de ellos es héroe o villano: son sencillamente hombres simples. (Se diría que son inconclusos o a medio construir). Representan la serie de malos comportamientos que constituyen el paradigma de modelos que debemos evitar. Sus actuaciones son la repetición sistemática de otros a los que imitan aunque no lo quisieran.

Desafortunadamente esos modelos se seguirán dando mientras los individuos no aspiren a algo superior que los aleje sin trauma de sus más viles comportamientos. En consecuencia no deben constituir "modelos ejemplares" sino más bien perversos.

Saint-Exupéry, en *El Principito* nos da claramente como metáfora la limpieza y ordenación del planeta del principito. Con dicha metáfora quiere indicarnos que sólo las buenas costumbres harán provechosos a los hombres, cultivando virtudes con diligencia y esmero; y no permitiendo que la negligencia y la indolencia invadan su voluntad. Los tipos humanos que nos presenta no son para nada ejemplarizantes. La educación, las buenas costumbres y el comportamiento correcto del hombre harán de él un modelo a imitar.

El poeta-aviador lionés, con la modestia que le caracteriza, ha preferido tomar la forma del principito para explicarnos en tercera persona sus vivencias. Todos y cada uno de los tipos o personajes que figuran en el cuento no son de ficción; todos han existido y a todos los ha tratado, insisto. Y en lugar de utilizar el "Yo, me, mi..." usa la tercera persona del singular para hablar por boca del niño. Por ello, vuelvo a decir, emplea tropos que son un elegante modo de expresión llenos de poesía cuando trata de los personajes humanos a los que respeta aunque no comparta nada con ellos. La conclusión que saca siempre es que "las personas mayores son realmente muy extrañas". Todas ellas son prototipos que –aunque *per se* no sean propiamente símbolos– sí que simbolizan lo que son. Cada uno tiene un significado simbólico de fácil entendimiento a poco que meditemos sobre ellos. Diré que éstos responden a su necesidad de mostrarnos sus sentimientos –de alegría o de pesar– a través de terceros. Ha tenido la delicadeza de mostrárnoslos como imágenes caleidoscópicas, sin prejuicio alguno. Traslada en su texto, bajo forma de sinécdoques, personajes que simbolizan moralmente en el plano social: unos aspiran al enriquecimiento y otros no tienen aspiraciones, son neutros. Todos ellos están vacíos de contenido, son amorales o faltos de sentido y de preocupación por sí y por lo ajeno; también son desmoralizantes; sin valores...

Saint-Exupéry nos hace distinguir la grandeza del hombre frente a sus flaquezas. El principito no se deja abandonar a éstas y, con voluntad de superación de sí mismo, ha sido capaz de conocer, de comprender y de instruirse para luego hacer ver al aviador el valor de lo adquirido. Y si los denuncia, es para ofrecernos sus experiencias para nuestro bien. No para imitarlos. El cuento no ha sido confeccionado con escritura automática. Saint-Exupéry escogía las palabras a sabiendas que éstas —las de cualquier lenguaje— son el conglomerado histórico que el hombre ha heredado y deja en herencia. Las palabras que utilizamos, repito, están cargadas de símbolos; sus verdades, sus significados están en sus étimos, en sus etimologías que son las que les dan su sentido.

En la lengua china los ideogramas representan palabras y con ellos los significados que tienen; y su relación con las cosas depende del contexto en que se emplean. Así el carácter que significa "Agua" expresa también la idea de "cordero"; o el término correspondiente al *moutonnement* que en francés se dice para indicar las olas encrespadas del mar; en español de un cierto tipo de nubes llamado "Cúmulos" se dice "que el cielo está aborregado", o sea lleno de borregos... En los jeroglíficos egipcios unas líneas paralelas, ondulantes y horizontales simbolizan el "Agua", el Océano primigenio, el mar, el río... Los símbolos tienen una naturaleza fluida y evolucionan de forma impredecible pero todos ellos tienen un recóndito significante y muchos significados. Los símbolos culturales son emblemas que simbolizan lo que representan sus figuras. Así un martillo o una rueda dentada son emblemas que simbolizan "el Trabajo" y "la Industria". El emblema de un rayo simboliza "Peligro de muerte" o una marca de automóviles alemanes, etc. En puridad el símbolo esotérico no se puede representar en imágenes porque es abstracto. Por el contrario el emblema sí.

Volviendo al cuento, que es lo que aquí interesa más, se ha de comprender que Saint-Exupéry escribe como un poeta y se expresa como tal y, al igual que todos los artistas, no necesita dar explicaciones detalladas de lo que quiere decir. Ese es el lenguaje que utiliza para transmitirnos sus conceptos, sus ideas sobre las cosas. El Principito, al decidir marcharse de su planeta "para conocer y saber", se trazó una "Hoja de Ruta", y una vez cumplimentada, quiso volver a su origen, pero no porque la vida humana no tuviese valor absoluto sino porque la parcela de felicidad que obtuvo era tan breve como la vida humana y él buscaba la felicidad eterna. Probablemente el principito —como todos los amadores— aspiraría a un amor eterno junto a su flor. El sentido que tiene de la eternidad hace que el principito, desde su recordada infancia hasta su marcha definitiva hacia su planeta, se perpetúe. Un instante es para él toda una eternidad. En razón a su explicación, aquí los símbolos sufren la misma mutación que las letras y los números que quedan bastante limitados en las explicaciones que de ellos se dan.

VIII

Arquetipos

Nihil ex nihilo.
(Aforismo latino)

Que el vicio a todos los
que infesta iguala.
(Lucano)

Según C. J. Yung "El inconsciente se haya gobernado por los arquetipos" (en el sentido que se le da como modelo ejemplar). En mi trabajo los arquetipos que señalo no tienen ningún carácter sagrado o religioso sino que más bien representan un conjunto de individuos simbolizables mediante su representación metafórica. En el cuento representan el lado negativo porque esos individuos son seres amorales o egoístas.

Los sabios griegos conocían que todo lo que el hombre hace o escribe es un conglomerado heredado.

Hoy se cree que Homero ha escrito la Ilíada y la Odisea basándose en poemas que los bardos cantaban en las plazas públicas, en las ágoras... Así se confirma el aforismo latino...: Nada proviene de la Nada.

Estoy convencido que los personajes humanos de los planetas visitados por el principito provienen de algunos de los que son descritos en el "Libro de los Proverbios". En efecto, en el Pentateuco lo vemos con claridad meridiana.

Más arriba he dicho que Michel Quesnel, en su prólogo de "Citadelle", refiriéndose a Saint-Exupéry, dice:"A la edad de dieciocho años, el adolescente escribe a su madre: Acabo de leer un poco la Biblia.". "¡Qué potencia de estilo y qué poesía! Por doquier el sentido de la moral resplandece en sus utilidades". Quedó entusiasmado con su contenido espiritual. Saint-Exupéry se afirma en su creencia interna en un Dios espiritual, "que no se deja tocar". Ni ver, ni besar...

Creo poder decir sin riesgo a equivocarme que Saint-Exupéry se siente "profundamente judío" cuando dice: "Por primera vez, comprendo uno de los misterios de la religión de donde procede la civilización que reivindico como mía. Cargar con los pecados de los hombres. Cada uno lleva sobre sí los pecados de todos los hombres". (P.G.).

Allí, en la Sagrada Biblia, Saint-Exupéry encuentra también los arquetipos y los tipos humanos, que nos ofrece en *El Principito*. Mi afecto amigo Juan Antonio Monroy (¿coincidencia de ideas?) ha escrito un libro titulado La *Biblia en el Quijote,* con la misma idea que yo, pero él no dice nada sobre la ascendencia judaica-conversa de Miguel de Cervantes, según creo. También afirmó que la civilización de Occidente, la creencia en un Dios único y su moral, se la debemos a la Torá… Sin ella, ¿qué hubiera sido?

La atmósfera que se respira en el relato tiene las dos vertientes del binario: un lado tierno, positivo, amoroso y espiritual, y otro negativo, detestable, odioso y material… Para el borracho o el farolero la vida no es un bien supremo, es monotonía y aburrimiento. No son conscientes de lo importante que es vivir, no vegetar; vivir con los otros, entre los otros; vivir socializando, yendo hacia los demás, intentando en el esfuerzo crear vínculos de afectos y también darles a las cosas de la vida un sentido positivo. La cuestión es ir más allá de las apariencias y hallar las esencias y con ellas establecer una escala de valores donde se prioricen las cosas nobles que han de prevalecer sobre el resto y no dejarse nunca dominar por pasiones negativas que arruinan. Aquellos modos de ser y de comportarse en la vida son comunes a muchas personas que han dedicado todo su tiempo a una sola cosa que no necesite creatividad o imaginación. Son robots humanos, deshumanizados *humanoides*.

Esos arquetipos nos muestran a los hombres, su forma de ser y sentir la vida de cada uno de ellos; se han de interpretar uno por uno, independientemente. Tienen una vida nada envidiable, una vida material desprovista de sensibilidad hacia lo que les rodea. Son el símbolo de lo negativo al que pueden llegar a ser los hombres desarraigados, las personas que no tienen absolutamente nada positivo que dar a los demás. Aunque no lo parezca no son libres sino esclavos de sus imperfecciones, de sus pasiones, de sus comportamientos. Esos hombres someramente descritos son representativos de la mayoría de la humanidad en el sentido material conque llenan sus vidas. Se desinteresan de todo lo que puede elevar el espíritu del hombre. Sus deseos no les satisfacen, siempre ansían más. Temen estar a solas consigo mismos. Cada cual vive en "su" universo, en un mundo egoísta; por ello, se hallan solos incluso cuando están rodeados de una multitud. Es más, cuando el hombre está entre mucha gente es cuando más solo se siente, porque los demás no representan nada para él. Es como si se hubiera colocado un biombo para rodearle y aislarlo del resto. Y se constata amargamente lo que le dijo la serpiente al principito: "También se está sólo entre los hombres...". Desafortunadamente las personas suelen tener muy pocos amigos; —conocidos a veces muchos— pero íntimos y queridos muy escasos son. El egoísmo humano, repito, deshumaniza...

En tanto que aviador, Saint-Exupéry descubrió la grandeza de un oficio que es ante todo el de unir a los hombres.

La amistad no se compra, ni se vende: se adquiere con amor al prójimo. Los personajes humanos del cuento viven en la más absoluta soledad; el autor les quiere dar salida a ese sentimiento que padecen. Ellos no lo sufren, sino que están resignados con sus respectivos modos de vivir. Sólo conocen el "Yo", nunca conjugaron el "Nosotros". Creen que poseen o cumplen con una misión, pero no es así porque están aislados, separados de la comunidad humana. No reciben ni pueden dar nada. Nadie los necesita ni ellos necesitan de nadie. Viven encerrados en sus tristes torres de marfil, en su jaula de oro, en su vórtice... No escuchan a nadie. Son como esas imágenes frías hechas de escayola que los creyentes colman de regalos (flores, cirios, dinero) que de nada les sirve.

Probablemente Saint-Exupéry sufriría por la soledad en que viven los hombres; para él las personas deberían ser como una cadena con infinitos eslabones unidos y caminando hacia un mismo fin. Esos hombres-eslabones tendrían que despertar al sentimiento de pertenecer a una sola comunidad: la fraternal, la amistosa, la humana... Para Saint-Exupéry:

Las grandeza de un trabajo consiste tal vez, sobre todo, en unir a los hombres, el único lujo verdadero que existe son las relaciones humanas... Se es hermano en algo, no hermano sin más. (P.G.).

Cada uno de aquellos hombres están "adormecidos" espiritualmente; el horizonte de sus vidas es muy cercano; no tienen aspiraciones más allá de sus respectivos quehaceres. La alegoría que los representa tiene fácil explicación simbólica: están sumidos en una vida material; son como vasijas de barro endurecido carentes de contenido. Por eso son incapaces de dar y de recibir. El principito ni siquiera se tomó la pena de despertarlos de su profundo "letargo". Sus vidas son la típica prosopopeya de individuos limitados por su incapacitación de progresar. No saben vivir porque para Saint-Exupéry:

Vivir es nacer lentamente. Sería cómodo recibir almas completamente hechas. (P.G.).

Esos hombres son náufragos solitarios que desconocen sus propias grandezas. La salvación de un hombre está en él, no en los demás; por eso han resultado inútiles todas las prédicas.

Los arquetipos que en el cuento se tratan son facetas de la realidad; son imágenes representativas que están vinculadas al comportamiento del individuo por diversos medios, en especial por emociones que son tan diversas como las personas. De ahí la imposibilidad, o al menos la arbitrariedad, de intentar dar al símbolo (sagrado o metafísico) una explicación racionalista, una definición, cuando la interpretación del símbolo es siempre subjetiva, personal, individual e intransferible, según el "grado" de sensibilidad que cada cual posee y la intencionalidad que le preste al símbolo.

En fin, seamos optimistas. Reflexionemos sobre los hallazgos, no siempre felices, que el principito va encontrando en su ronda planetaria. Visita siete planetas o asteroides habitados. Sus moradores semejan arquetipos modélicos, que como dije, no son ejemplares algunos de ellos; y otros desprovistos de altruismo sólo obedecen a sus aficiones o a cumplir con la ley impuesta por su egoísmo... y por la pereza.

Siete son los, planetas habitados que visitará el principito. La elección del número siete queda exigida por los significados que oculta el dígito.

La pobreza excluye —decía Justine— y la riqueza aisla
Lawrence Durrell - *El cuarteto de Alejandría-1 Justine*

El rey

No matarás.
(Éx. 20, 19)

*De entre los príncipes, el más fuerte y poderoso,
se cree que es el más sabio, pero eso es falso.*
(Tácito)

*Los príncipes nacieron poderosos,
pero no enseñados.
Si quieren oír sabrán gobernar.*
(Saavedra Fajardo)

*No podrás darte como rey
a un extranjero que no sea tu hermano.*
(De. 17, 15)

El primer planeta está ocupado por un monarca absolutista y autoritario (aunque no carente de cierta socarronería que le permite reconocer algún error, por haberlo cometido).

Los reyes, los monarcas nunca fueron —ni son— elegidos por el pueblo, por sus súbditos. Muchos de ellos se erigieron bien por un "golpe de mano" o por actos de guerras y conquistas; otros lo fueron con el apoyo implícito de las Iglesias o del credo que se quiera, siempre van unidos a la realeza y a los poderes fácticos. Los monarcas eran absolutistas, se otorgaron a sí mismos poderes ilimitados; incluso el derecho de vida o muerte de las personas que vivían en sus territorios o en los conquistados. Las monarquías se han sustentado con los impuestos y pechos que pagaban obligatoriamente las gentes del común, la Iglesia, los poderes religiosos, la nobleza y los potentados estaban exentos.

El rey que visita el principito reinaba sobre todo su planeta, ya deshabitado. Se había quedado sin esclavos ni súbditos y el único ser que habitaba en él era una vieja rata, que algunas veces, de noche, solía oír...El rey reinaba pero no poseía nada y nada podía dar. Este monarca tenía un modesto trono y vestía con un sencillo atuendo, un manto de color púrpura adornado con piel de armiño que extendía sobre la superficie de su pequeño planeta... que era el territorio que dominaba. Pero eso sí: era un rey muy mandón, muy severo... Para los reyes:

> *El mundo está muy simplificado. Todos los hombres son súbditos... Los reyes no poseen nada; sólo reinan; es muy diferente. (P.P.).*

Las dádivas y altos cargos que otorgaban los reyes eran: las riquezas y los poderes, que dan fuerza; que han sido —y son— las razones que han motivado a los prepotentes a ejercer en nombre y por gracia de la autoridad suprema, que es la que les protege. El rey, el monarca, se ha revestido de toda razón y es el culpable directo de todos los desmanes cometidos por sus fieles y sumisos poderosos. La potestad real no podía ser contestada por nadie. El rey siempre tenía razón, según él. Tienen o tenían derecho de pernada y de vida y muerte sobre sus súbditos. No toleran la desobediencia; se creen los únicos amos categóricos de todo. No obstante, a pesar de su potestad viven solos, mejor dicho aislados. No suelen tener amigos, ni saben ganárselos. No es muy seguro que la soledad les obligue a pensar. Son incapaces de traducir en hechos simples planteamientos que pudieran resolver. Si se juzgan a sí mismos llegan a la conclusión de que es un ejercicio bastante arduo y creen que los demás carecen de cualquier honroso juicio. "Los reyes no poseen, sólo reinan". Y de ese modo pasan por la vida… Dando más pena que gloria.

Al principito le agradaban tanto las puestas de sol que no dudaba en desear ver una a la menor ocasión. Por eso le rogó al monarca que le gustaría ver una. El rey que se decía universal pretendía que las estrellas le obedecieran de inmediato porque: "Yo no tolero la indisciplina". Pronto se desencantó el principito al constatar que aquel no le decía la verdad sobre sus poderes; si los hubiese tenido hubiera podido asistir no a "cuarenta y tres, sino a setenta y dos, o a cien, o incluso a doscientas puestas de sol en la misma jornada". Pero el rey buscó un subterfugio evasivo y consultó un gran calendario para decirle:

–¡Ehem, ehem! Será esta tarde hacia… hacia ¡Las siete horas cuarenta! Y verás cómo soy obedecido. (P.P.).

El principito no quedó convencido de la veracidad de las palabras del monarca. "Que en la boca del que mentir acostumbra, es la verdad sospechosa". Es como el símbolo de la exageración del que se cree poderoso y cuya actitud es tan consubstancial con el ser humano... El rey del cuento pretendía corromper al principito queriéndole nombrar Ministro de Justicia, un cargo muy importante para hacer cumplir todos los deseos del monarca... Pero el principito rehusó tal dignidad. No le tentaba ser Ministro de Justicia y menos aún condenar a muerte (aunque fuese a una vieja rata). "Hay que comprender antes de juzgar", pensó. (P.P.).

Y, al ver que se marchaba le propuso otro importante cargo. Pero tampoco fue aceptado porque carecía de interés. Abandonó al rey, que le pareció que "tenía un aire muy autoritario...". El principito aprovechó una ocasión que le pareció muy favorable para marcharse y abandonó el planeta pensando que "las personas adultas son muy extrañas". El rey ignoraba que el hombre que elige su vida con total libertad, es responsable de sus actos... de su destino.

Podemos inferir de este símbolo real, de esta metáfora que el rey, al igual que todos los poderosos, se cree que tiene poderío, detenta la facultad de mandar sobre todo y sobre todos; que mantiene de su lado a sus secuaces para seguir mandando... El hombre que elige con libertad su vida es dueño y responsable de su destino.

Hay que dejar la vanidad a los que no tienen otra cosa que exhibir
Honoré de Balzac

El vanidoso

Vanidad de vanidades, todo es vanidad.
(Rey Salomón)

La vanidad es la gloria de los pobres de espíritu.
(Anónimo)

El segundo planeta lo habita un vanidoso, que sólo oye las alabanzas y enaltecimientos a su persona. Tiene excesivo afán de ser adulado por todos. No le gusta ser juzgado; no tolera que no le aplaudan y no le rían sus "gracias" pueriles. Resulta ser un espectáculo bufón al que sólo mueve el egoísmo, el aplauso. Se satisface con la adulación de los demás... Nunca se entrega; sólo le gusta recibir. Es comparable a un enfermo con una enfermedad que no le hace sufrir porque es estúpido, necio y simplón. La vanidad es un mal que causa placer al que la padece. La peor consecuencia que acarrea el Vanidoso está precedida por la ignorancia; ignorancia de la que no es consciente: ignora que ignora y por eso pone toda su egolatría en su comportamiento. Su vida es mediocre, no vive de sí, consigo, sino que espera lo de los demás. Está lleno de inútil presunción y vanagloria, "Vanidad de las cosas humanas", que diría el *Cohelet*, el rey Salomón, el cual pasó casi toda su vida cometiendo acciones insensatas y reprobables (tuvo más de mil mujeres) hasta que su alma se iluminó y alcanzó la sabiduría que le hizo capaz de discernir entre lo positivo y lo negativo de la existencia humana.

Pero el Vanidoso, en su ignorancia, no tiene más noble aspiración que la que le permite su actividad negativa, es decir, el engreimiento y la fatuidad. Es egoísta en el más puro sentido de la palabra. Su ego se enaltece con un simple elogio, aunque éste sea banal. En el fondo, el vanidoso es un hombre desgraciado cuya vida está cargada de desaciertos desagradables. Para evitar el error en que vive, al vanidoso le bastaría sólo con deshabituarse de toda presunción.

Este arquetipo del hombre vanidoso pasa por la vida contoneándose con pretensiones triviales. No se preocupa nunca por los problemas ajenos; únicamente quiere que le solucionen los suyos. No puede tener amigos porque es incapaz de amar a alguien salvo a sí mismo. No sabe que la amistad es un don que se ha de cultivar con el mismo amor que el jardinero ofrece cada día a sus plantas. La vanidad es una tara mental, una discapacidad que impide llegar al otro. Da la impresión que es la caricatura de un hombre de bien, pero sólo en apariencia exterior y vacuidad ortierior. Nunca en su cabeza ni en su corazón entran los dones maravillosos de ser cautivado. El vanidoso es persona vacía, vana y presuntuosa que vive de la sociedad, pero no está inmerso en ella. Además cree que todo se le debe dar, que se lo merece todo. Es el narcisista por antonomasia; el egoísta ignaro, antojadizo y veleidoso. Y engreído. Sólo oye las alabanzas. Sólo quiere que se le admire; se cree más bello que los demás hombres; que es el más hábil e inteligente del planeta...Vive perpetuamente en el error. El vanidoso del cuento es el paradigma de la estupidez humana; es también el que sufre el complejo de Narciso (hermoso joven que habiendo contemplado su rostro en el espejo de una fuente de agua clara, quedó prendado de sí mismo; hundió sus brazos para acariciar esa imagen que tan súbitamente embargó sus sentidos..., pero no pudo conseguirlo). El Vanidoso del cuento es un vivo reflejo del simbolismo de aquel mito.

De todo lo dicho hemos de sacar una conclusión edificante: que la vanagloria y el engreimiento se curan con una dosis de reflexión que son la modestia y la humildad, sin sumisión denigrante. Este es el corolario que afirma que el conocimiento de sí trae como consecuencia rectificar los errores cometidos para ser subsanados.

El occidental que había en mi se puso enfermo
Joseph Conrad *Con mirada occidental*

El borracho

Guárdate sobre todo
de mucho vino beber.
(Arcipreste de Hita)

No mires mucho al vino
cuando rojea y cuando
espuma en el vaso:
Entrase suavemente, pero
al fin muerde como sierpe
y pica como áspid.
(Pr. 23; 32)

El tercero era un asteroide donde en soledad vive un beodo, un desgraciado borracho que no siente amor ni siquiera por sí mismo y menos aún por los demás. Se avergüenza de beber. Es víctima de su vicio, de su extravío y no hace nada por enmendarse. Está encadenado a su propia miseria. Justifica su hábito y cree que nadie lo entiende. La naturaleza humana ha sido condicionada por una serie de actos —no siempre deseados— que permiten nuestra adaptación o no al entorno, a las circunstancias que nos rodean. Según la capacidad de elección o los avatares de la vida, el hombre goza o sufre con su comportamiento. No siempre se puede elegir, pero una férrea autodisciplina nos permite encaminar nuestros pasos a veces sobre un determinado sendero. El hombre –genéricamente hablando– ya sea por conveniencia, ya por necesidad se ve arrastrado en algunos momentos, no siempre, hacia su perdición o triunfo.

La metáfora simbólica del beodo, del borracho, es como un modelo que se sitúa en ciertas circunstancias dentro de una red, de la que no puede escapar con facilidad. Si desea abandonar ese vicio por una virtud necesita de la ayuda de otro, pariente o amigo, porque esa perversión le ha privado de voluntad. El borracho en su patología morbosa es un enfermo que se fue abandonando a su perdición de modo tal vez insensible, o insensato, pero que una vez atrapado no se puede liberar. Al perder su autocontrol pierde fuerza de razón y al perder ésta puede llegar al paroxismo que le conducirá a la locura.

De ahí que en el cuento, Saint-Exupéry previene de cualquier vicio (en este caso la bebida) que llegue a desarraigar al individuo, a quien le falta valor para vencer su degeneración física y moral. Esta corrupción hace del borracho una persona sin fuerzas para combatir la patología mórbida del bebedor sin control. El vino[6], el alcohol, su descubrimiento, es el resultado triunfal de la actividad del taumaturgo del pensamiento humano. Es el *Aqua Vitae* de los romanos, el aguardiente (agua de fuego, ¡curiosa antinomia!). Es un agua que quema la lengua y que se inflama al contacto de cualquier chispa. Estar achispado es hallarse un poco ebrio. El alcohol, abusar de él, destruye el organismo y la voluntad. En pequeñas dosis, el vino suele considerarse como un alimento, dado que su origen está en el jugo de las uvas. En este caso sería como el objeto de una valoración substancial evidente.

El borracho se hallaba encerrado en una trampa y necesitaría mucho tiempo y ayuda para salir de su mal, si es que es ése fuese su deseo. Forzosamente la visita del principito a ese planeta no podía durar mucho tiempo, porque le era imposible poder ayudar al beodo. Ese bebedor es un ausente del mundo, un ser asocial del que hay que huir; nada ni nadie le interesa y tampoco él interesa a nadie.

---

6 El vino, en pequeñas dosis, es muy saludable; es un alimento material y espiritual. Después del Diluvio Noé plantó un viñedo y produjo vino, y se emborrachó... El pueblo israelita no puede vivir en tierras donde no se puedan cultivar vides para obtener vino, trigo para él y olivos para el aceite... Deben cumplir el precepto litúrgico de cada viernes a la puesta del sol: la ceremonia del Kiddux, que consiste en la petición al Eterno la bendición del vino contenido en una gran copa, de la que beberá un sorbito cada comensal... El cristianismo también necesita de los dos primeros elementos para consagrar su rito litúrgico de la Comunión. El aceite lo usan para ungir, para sacramentar... No hay ágape o banquete de conmemoración festiva sin vino.

El borracho es, simbólicamente hablando, el arquetipo del egoísta tímido y acomplejado. Es una persona que no se interesa por nada; sólo vegeta como una planta silvestre que no da ningún fruto, tampoco él le da sentido a su vida porque cree que la suya no lo tiene. Está encerrado en un caparazón hermético sin posibilidad de salir de él.

Este personaje deja perplejo al principito, que vuelve a decirse a sí mismo: "Las personas adultas son realmente muy extrañas" (P.P.).

El nuevo espíritu de la época: ganar dinero olvidándote de todo salvo de uno mismo
Conferencia telefónica de Noam Chomsky, Mik a kamil *e* Ian Escuela

El hombre de negocios

Tan difícil es para los ricos
adquirir sabiduría como
para los sabios adquirir riqueza.
(Epícteto)

¡Poderoso caballero es don Dinero!.
(F. de Quevedo)

El que ama el dinero
no se ve harto de él,
y el que ama los tesoros
no saca provecho de ellos.
(Ec: 5; 9)

En la siguiente etapa, el cuarto planeta, el principito se encuentra con un hombre de negocios que se devana los sesos para enriquecerse y sólo se ocupa en tener; en lucrarse con lo que sea, porque lo importante para él es ganar; ser rico. Concibe el mundo como un objeto que hay que adquirir; cree que todo se compra con dinero. Piensa que es opulento en todo, que lo puede comprar todo. Es un hombre muy ocupado solamente en ese asunto. Por ende, es avariento e incapaz de ser pródigo, generoso, dadivoso. Es un egoísta que únicamente piensa en el dinero y que ni siquiera lo usa para su bienestar. A una insinuación del principito, el negociante responde:

–Los reyes no poseen nada, sólo "reinan" sobre las cosas. Eso es muy distinto... ¿Y para qué te sirve ser rico?, le pregunta.

–Para comprar otras estrellas, si alguien encuentra alguna.

Este hombre de negocios se contenta con gestionar su fortuna, contar y volver a contar lo que tiene y luego lo guarda en un Banco. Siendo rico se considera por ello un hombre serio. Ningún argumento de los que refiere convence al principito.

El hombre rico en el plano material es un pobre hombre en el espiritual. No se contenta con tener bastante sino que además codicia los bienes ajenos. Es insaciable, vive en un constante sin vivir y el sólo hecho de poseer fortuna material le hace ser un pobre superficial y fútil. Este es el conocimiento profundo que con sólo una pincelada el autor nos da sobre la imagen de esos hombres a los que sólo les interesa el dinero, la situación económica y el aspecto exterior. Con una exposición corta, apenas un bosquejo, sobre el interés que los mueve que no es otro que inquirir sobre el status social de los individuos para colocarlos en sus valoraciones; así clasificados proceden del modo que han de ser tratados. Con preguntas interesadas quieren saber en qué condiciones económicas viven los demás, sin importarle su condición moral, sus gustos y diversiones... De ese modo de proceder deducen de la calidad de las personas, no de sus cualidades éticas. Así, de ese modo de actuar, creen conocer a las gentes para relacionarse o no con ellas.

El autor de *El Principito* nos previene –sobre todo a los niños– de la fatuidad de ciertas personas… Y con un gesto de generosidad dice que "los niños han de ser indulgentes con las personas mayores".

El deseo vehemente de acumular fortunas y bienes materiales, denota una carencia total de bienes intangibles, tales como la amistad y el placer que producen las cosas espirituales, la ternura y el amor. La ausencia total de esos bienes es la causa de tantas desgracias, porque la ambición de poseer les priva de todo afecto. Todo lo que está fuera del hombre lo liga y le impide actuar y encontrar alguna cosa elevada que le procure una auténtica alegría. El hombre codicioso jamás podrá encontrar los recónditos tesoros que esconde su alma: su egotismo le impide hallar los tesoros ocultos que todos poseemos, tales como la honestidad que a diario debe constituir nuestro cotidiano comportamiento con el prójimo y el sentido que tiene el altruismo. No podrá tener amigos, porque la amistad es un don de sí sin esperar recompensa alguna… Hay algo más positivo que la avidez de ser rico, tener poderes, renombre y riquezas materiales, que son efímeras y que se desvanecen al instante de ser desafortunados. Abundan los casos y sería ocioso traerlos aquí. Los ricos pretenden que lo poseen todo pero no saben que no se tienen ni a sí mismos… A los nobles sentimientos oponen la rentabilidad, y a la reflexión la facilidad que les procura el ocio del vividor.

La codicia es una perversión de las sociedades económicamente desarrolladas. La búsqueda constante del dinero trae consigo el deseo de acumulación de riquezas y éstas, inexorablemente, buscan el poder. La consecuencia directa de ello es el derrumbamiento de ciertos valores morales promovidos por un estilo de vida materialista. El incontenible afán de enriquecerse conduce directamente al egoísmo. Mientras más se tiene más se desea y menos se piensa en el otro. La riqueza hay que preservarla de los demás, dicen, cuanto más se posee tanto más se teme perderlo. Y ello produce insatisfacción, temor y recelo; por eso quieren más y más... Generalmente el corrupto y el corruptor no suelen ser felices porque sus ideales se basan en un mundo donde todo se puede comprar, hasta las voluntades. Desprecian la ética, la moral, que tantos siglos ha costado establecer como línea de conducta humana: deseos, pasiones. En suma es desear siempre más con afán y avidez apasionada. La existencia del avaro es como un banquete fúnebre; los banquetes deben ser adornados por la afable conversación, por la alegría de compartir felicidad en el ágape.

En *El Principito* nos da a entender, al tomar como prototipo simbólico al hombre de negocios, sutilmente con pocas palabras lo que representa el hombre que llega a sumar "quinientos un millones seiscientas veintidós mil setecientas treinta y una..." y agrega diciendo que durante los cincuenta y cuatro años que vive en "su" planeta:

—Yo no tengo tiempo para callejear. Yo soy un hombre serio.

—Yo decía quinientos un millones...

—¿Millones de qué? preguntó el principito.

—Millones de esas pequeñas cosas que a veces vemos en el cielo.

—¿Moscas? ¿Abejas?

—¡No! Pequeñas cosas que hacen soñar a los vagos. ¡Yo soy un hombre serio! ¡No tengo tiempo para desvariar!

—¡Ah! ¡Estrellas!

—Eso es !Estrellas!

Saint-Exupéry, afirma:

"Esta noche de vuelo y sus cien mil estrellas,
esta serenidad, esta soberanía de algunas horas
no las compra el dinero". (V.N.).

Presumía el hombre de ser rico porque creía poseer estrellas. Y confirmaba que el ser rico le permitía comprar otras estrellas si alguien las encontrara..., por ser el primero en pensar en ello y depositarlas en un banco.

—¿Qué quiere decir eso?

—Eso quiere decir que yo escribo sobre un papelito el número de estrellas. Y después lo guardo en un cajón.

—¿Eso es todo?

—Es suficiente.

—Es divertido, pensó el principito. Es bastante poético. Pero no es muy serio. El principito tenía sobre las cosas serias ideas muy distintas de las ideas de las personas adultas.

Saint-Exupéry disfrutaba de la serenidad:

*Que se goza en la noche contemplando en la noche
cien mil estrellas o encontrando un pozo o una fuente
no hay dinero para comprarlos,* decía.

El Hombre de negocios lleva la vida de esos ladrones que acumulan riquezas, pero viven emparedados en la cámara de sus tesoros, al igual que esos reyes de un lejano pasado que eran enterrados con ellos. Son muy ricos, sí, pero de igual modo están condenados en un mundo que ellos se han dado. En realidad en lugar de ser liberados por sus riquezas son esclavos de ellas.

*Trabajando únicamente por los bienes materiales
edificamos nuestra prisión. Se encierran en ella
solitarios… Cualquiera que lucha con la única esperanza de los bienes materiales, en efecto, no cosecha
nada que valga la pena… La prosperidad y las
comodidades no bastarían para colmarnos.* (T.H.).

El principito se da cuenta de que el dinero no hace rico al que lo posee y que solamente contribuye a aumentar su codicia; se afana por poseer pero carece de amigos. Se equivocan en su creencia en los bienes materiales. Éstos pueden ser medios, pero no dan felicidad ni dicha.

*El sembrador va siempre contento hacia la tierra
que es digna de recibir; así dará sus frutos.* (C.D.).

Se puede comparar a los ricos que danzan estúpidamente alrededor del Becerro de Oro. (Alusión a los que encontró Moisés cuando bajó del Sinaí con las Tablas de la Ley).

Sólo hay un verdadero lujo, el de las relaciones humanas.
Trabajando únicamente por y para los bienes materiales construimos nuestra propia prisión. Nos encerramos solitarios, con nuestra moneda de ceniza que no nos procura nada que valga para vivir. (T.H.).

En la obra de Saint-Exupéry, cada frase descriptiva queda subrayada por una metáfora que la realza, que le da un profundo significado. Pero hay que tener como él gran capacidad de síntesis para contarlo con pocas palabras, cosa algo difícil.

Esos hombres ricos seguirán durante toda su vida siendo víctimas de su egoísmo, de su codicia, de su afán por seguir amasando (como panaderos de pan de oro) para lograr tener más, para tener poderes sobre los Estados, sobre las gentes; para comprar voluntades y jueces que se corrompen por dinero; para conseguir prestigio y ser envidiados por sus riquezas materiales, por la ostentación que propalan con viviendas suntuosas, joyas y vehículos... Todos ellos son tan falsos que se engañan a sí mismos y que engañan, mienten y pervierten a los demás con actos corruptos... Es mas, son tan egoístas y egotistas que jamás pasa por sus malas conciencias ninguna sombra de un arrepentimiento cuando cometen actos delictivos. Creen que por el hecho de tener fortuna son felices, pero están atormentados por temor a perderla. Apenas se despiertan echan una ojeada a los periódicos y a Internet, para constatar y comparar las cotizaciones bursátiles. No solamente se contentan en comprar y vender acciones de sociedades sino que dominan el mercado financiero. Y, al parecer, eso los hace dichosos.

León Werth, hablando de su querido amigo Tonio, dice: "Es cautivador —mejor dicho—, domaba a los monstruos, como aquel ejemplar de altas finanzas que, en presencia de Saint-Exupéry —con su aire de arcángel y gran señor— bajo su mirada de niño, perdió cuanta arrogancia tenía".

El Hombre de Negocios tampoco interesó al principito.

Qué extraña escena describes y qué extraños prisioneros. Son iguales a nosotros

Platón, *República, libro VII*

El farolero

Ve, ¡oh perezoso! a la hormiga,
mira sus caminos y hazte sabio.
No tiene capitán, ni rey, ni señor.
(Pr. 6; 6)

¿Hasta cuándo, perezoso, dormirás,
cuando despertarás de tu sueño?
(Pr. 6; 9)

El quinto planeta era distinto a los demás. Mucho más pequeño, lo habitaba un farolero que se dedicaba a encender o apagar un único farol según convenía al momento. Era una labor monótona y aburrida. Al principito le pareció inexplicable que en un tan pequeño planeta deshabitado pudiera haber un farolero. Le pareció absurdo, pero menos que el negociante, el rey, el vanidoso o el borracho.

Cuando enciende el farol se le antojaba como si hiciera nacer una estrella o una flor. Cuando apaga su farol se duerme la flor o la estrella. (P.P.).

Por eso estimó que el trabajo del farolero era distinto a las demás ocupaciones de los otros personajes. Aquello le pareció útil porque era un trabajo bonito. Sin embargo pronto le desencantó. Al farolero no le gustaba el trabajo que desempeñaba; lo hacía por obedecer la consigna. Es un funcionario más cuya vida le incomodaba de por siempre. Así envejece, sin preocuparse de algún problema; nunca se plantea preguntas sin respuestas y dice:

"El reglamento es como los ritos de una religión, que parecen absurdos pero forman a los hombres". (V.N.).

Era un verdadero empleado público, provechoso sí, pero que no comprendía ni le importaba nada, nadie, ni el significado de las cosas.

Ese modo de actuar lo podemos encontrar en los Cuerpos de Seguridad Nacional (militares, policías, guardias urbanos, de tráfico, etc.), además de entre algunos bancarios y funcionarios. Estas personas son perfectamente cumplidoras con la misión o el trabajo que se les asigne. Obedecen las órdenes y las cumplen a rajatabla, aunque no las entiendan. Saint-Exupéry sentencia:

"El orden por el orden castra al hombre en su poder esencial, el transformar al mundo y a sí mismo la vida crea el orden, pero el orden no crea la vida". (C.D.).

Ese extraño ejemplar de funcionario es primario y sólo se ocupa en acatar y aceptar a ciegas el reglamento que le han impuesto como si fuese una misión. No se esfuerza lo más mínimo para superar su condición. Está aburrido y cansado de esa situación. En el fondo de sus deseos el farolero no quiere en la vida otra cosa que descansar de la monotonía de su trabajo, en suma sólo le interesaba en la vida ¡Dormir! Nada de esto es censurable, pero sí denota en casi todos ellos una falta de otras cosas que quizá les hiciera más felices. Hay personas que se limitan únicamente a cumplir "la consigna" y al pasar el resto del día en una ociosidad indolente es que hay una carencia que suelen colmar en proyectos de evasión lúdica, turística, espectador de deportes, de televisión, etc. En resumen de algo placentero y efímero con el sólo fin de huir de la mediocridad diaria; y de matar el tiempo en lugar de aprovecharlo para algo útil. Vemos cada fin de semana a infinidad de automóviles llenar las carreteras y producir atascos en la circulación; todos dan la impresión de soledad multitudinaria, de vaciedad, de desinterés por cosas distintas y más "productivas" espiritualmente.

No comprendo a esas gentes de trenes de cercanías; esos hombres que se creen hombres y que sin embargo están reducidos a causa de una presión que no sienten, al igual que las hormigas, el uso que de ellos se hace. ¿De qué llenan el tiempo, cuando tienen el tiempo libre, sus absurdos domingos? (T.H.).

La vida restríngida de este tipo de personaje se debe a su negación por aprender, por alejarse de la ignorancia de todo aquello que le impide ser dichoso. Para ello, habría de modificar su forma de vivir cotidiana para alcanzar otra existencia más provechosa, más atractiva. La rutina diaria le impide el libre albedrío; se siente sujeto y dependiente de ella y no es capaz de romper con ese hábito tan pertinaz. El farolero, el borracho, el guardagujas, el vanidoso muestran sus torpezas, sus debilidades, sus impotencias.

Al principito le encantan las puestas de sol que, además de su belleza, son promesa de un nuevo día; y cuando le sugiere:

—No tienes más que caminar lentamente para quedarte siempre al sol. Cuando quieras descansar caminarás... y el día durará tanto tiempo como tú quieras. (P.P.).

El farolero, en su soledad, no es que fuese mudo, pero había perdido el uso de la palabra y por ello carecía de lenguaje, cosa que no le importó a Saint-Exupéry, para quien no es el vocabulario rico en palabras lo que interesa. Es el sentido que tienen y su significado. La propuesta no le agradó nada al farolero porque "lo que me gusta en la vida es dormir", le dijo con desilusión. Este personaje fue el único que el principito consideró que no era ridículo porque se ocupaba de algo más que de sí mismo. Era el único que conceptuó como el mejor para hacer de él un amigo... Pensó que podría construirlo. "Pero su planeta es verdaderamente demasiado pequeño. No hay sitio para dos".

Un científico debe tomarse la libertad de plantear cualquier cuestión, de dudar de cualquier afirmación, de corregir errores
Robert Oppenheimer

El geógrafo

Enumera a los hijos de Leví
según sus linajes y familias.
(Nú: 3; 14)

Manda a algunos hombres a explorar
la tierra que voy a daros.
(Nú: 13; 2)

Observad la tierra cómo es
y qué gente la habita.
(Nú: 13; 19)

El sexto planeta es más grande que los anteriores. Lo habita un geógrafo. El principito entendió que ¡por fin! había encontrado a alguien con una verdadera profesión. Pero ese sabio no conocía su hermoso y vasto planeta porque nunca lo visitó. Lo que sabía era todo de oídas, que luego escribía en voluminosos libros... Confiaba en lo que los exploradores le contaban sobre sus descubrimientos y hallazgos... Nunca vio ríos, montañas, océanos, desiertos, ni aún continentes. Cuando dudaba de alguien encargaba una encuesta sobre la moralidad del informante y entonces escribía lo que le contaba.

Saint-Éxupéry tuvo muchas ocasiones para ver y contemplar las maravillas que aparecen en la faz de la Tierra. Gracias a los progresos de la aeronáutica los hombres viajan mucho por avión trasladándose a cualquier lugar del planeta, ya sea por necesidad o por hacer turismo; por puro placer cruzan el aire, los mares y los continentes. Saint-Exupéry tuvo el privilegio de "ver" Geografía. Los conocimientos de los geógrafos siempre se han basado en los relatos de los navegantes, exploradores, descubridores, aviadores, etc., que les informan de todo lo que han de ver. Tratan de definir el ámbito de una realidad por el acopio de información que han ido reuniendo. También relatan o explican algo sobre las áreas geográficas que están distribuidas por los territorios; el tipo humano, el número de habitantes, sus etnias y razas; sus forma de vida y el medio ambiente en el que viven; sus aspectos fisiográficos, económicos y humanos.

Es una muy digna la profesión de Geógrafo, pero el principito no podría alentarlo aunque supiera de la gran utilidad para los demás. En realidad el prototipo del cuento estaba también vacío. No daba nada de sí. Era como esas personas crédulas y confiadas. Se dispuso, ufano él, a oír del principito la descripción que de su asteroide le hiciera. Éste se adelantó diciendo:

−¡Oh ! Mi planeta, no es interesante, es muy pequeño. También tengo una flor, que a él le parecía ser muy hermosa... Su sorpresa fue grande cuando el geógrafo le dijo que las flores no se anotan en los libros de geografía, porque: "Las flores son efímeras" y, por lo tanto, estaba amenazada de próxima desaparición.

Esto despertó la conciencia del principito, el cumplimiento de su deber y también su responsabilidad por haberla dejado sola... Esta noble aflicción y la pena de perder a su bien amada fue la causa de su marcha de ese planeta. Y, después de pedir consejo sobre una próxima visita a otro planeta, el geógrafo le aconsejó ir a la Tierra, que "tiene buena reputación, le dijo". Y hacia ella se dirigió pensando en su flor.

IX

La Tierra

Esfera redonda que gira sin cesar.
(Marco Aurelio)

La Tierra nos enseña más
sobre nosotros que todos los libro.
(A. de Saint-Exupéry)

El mundo es un absurdo animado
que rueda en el vacío para
el asombro de sus habitantes.
(G. A. Bécquer)

La Tierra es uno de los cuatro elementos primordiales, prístinos. Todas las explicaciones que se dan de ella no se corresponden con la realidad más tangible. Es más, el hecho de que según el mito, el hombre fue confeccionado con ella denota que la humanidad ha recibido un conglomerado de todos los negativismos que el planeta Tierra encierra en su seno. El Universo, nació del Caos y éste está implícitamente esparcido por todo él... La Tierra está pletórica de contradicciones. La Tierra las encierra en su seno. Su componente más aparente —el agua y el mineral sólido—, es dado a todos los seres vivientes que pueblan su superficie y sus profundidades. Todas las especies vivientes —vegetales y animales— han sido "programadas" con una única misión: la conquista y el dominio de todo el espacio circundante, es decir, causando la muerte. Desde el liquen o el microorganismo unicelular más simple hasta el más complejo, el hombre, todos tienen las mismas características negativas: fagocitar lo que el entorno medio-ambiental o ecológico contiene para así perdurar. La conquista de nuevos territorios en este sentido es un paradigma, porque ello conlleva la desaparición o la muerte de aquello que da: la vida. Esto que parece una contradicción no lo es; además es extensible y aplicable al hombre, pero sobre todo al planeta Tierra, según veremos.

En numerología se ha acordado en llamar al siete como número perfecto. El caso es que la Tierra es el séptimo planeta que visitó el principito, pero no por ello es un planeta perfecto, más bien es lo contrario: es el perfecto negativo que hay en el Universo. La Tierra es el compendio de todos los planetas por los que pasó el principito, donde cada uno de ellos era habitado por un personaje que reúne en sí mismo, cada cual, un grave defecto, un vicio, un modo de ser y de vivir nada envidiables. Todas estas connotaciones negativas se las podemos asignar al hombre y a la Tierra como más adelante veremos... La tierra es el epílogo de los demás planetas que visitó el principito. Este es un paradigma que conduce a la desaparición de todo lo creado para volver a ser creado de nuevo. En definitiva en el Eterno Retorno.

La Tierra es el séptimo planeta al que llegó el principito. En numerología se considera el siete como el número perfecto. Es el tiempo empleado por el Creador del Universo: "Y rematada en el día sexto toda la obra que había hecho, descansó Dios el séptimo día de cuanto hiciera". (Gé. 2; 2).

En la Tierra ha habido cientos de miles y aún millones de monarcas; y miles de millones de hombres de negocios y muy ricos; millones de seres humanos malvados, viciosos, ciento once reyes (sin olvidar a los reyes negros), centenares de dictadores, miles de geógrafos, millones de borrachos, de vanidosos, de perezosos, de embaucadores; millones de maltratadores, de egoístas y de gente mala; miles de millones de ignorantes peligrosos y un largo etcétera que cada cual puede agregar a esta lista.

Sorprende pensar que la Tierra sea un planeta creado para albergar la vida del modo como lo hace, es decir, que necesita de la corrupción y del crimen de cada uno de los seres vivientes a los que da vida y cobijo. La Tierra es la Gran Depredadora y sus criaturas humanas son sus fieles seguidores... Los animales suelen guardar un equilibrio en consonancia con lo que les ofrece el medio ecológico en el que viven, mientras que los hombres no. (Ver el ejemplo del zorrito encontrado en el desierto libio por Saint-Exupéry en T.H.).

Por otro lado está comprobado científicamente que "los primates más antiguos (de unos treinta y ocho millones de años) eran también grandes depredadores: practicaban ambición de poder, individualismo, hostilidad con el medio, depredación sin límites...". Todo eso, y algo más está en nuestra herencia genética; a nadie debe sorprender nada de esto a poco que pensemos en la actualidad. Nada ha cambiado, todo sigue igual en la Tierra. Los hombres son insaciables en todos los aspectos, tanto morales cuanto físicos. La Tierra es un planeta engañoso; su aspecto en el espacio sideral es aparentemente bello y tiene buena reputación, según dijo el geógrafo al principito al aconsejarle que la visitara. Pero a medida que el principito se va acercando a ella su opinión va cambiando. Acostumbrado como estaba a la sequedad de los otros planetas se sintió embargado por el temor al ver tanta agua como la rodea... No obstante al caer en el desierto, a mil millas de toda tierra habitada, no vio un árbol y pensó que tampoco estaría habitada. Su percepción de aquella aparente belleza cambiaba. No veía a nadie y creyó haberse equivocado de planeta. La Tierra le pareció asombrosamente desértica; sin embargo, en ella viven los hombres sin saber que están rodeados de inmensos desiertos, de cordilleras increíblemente áridas, de extensos océanos... A partir de cierta altitud ya no hay vida y las montañas son enormes desiertos perpetuamente nevados; sal, arena, piedras y agua salada (el 75% de su superficie) en el mar la vida le está vedada al hombre y no a las miles de especies que los habitan. "El mar forma parte de un mundo que no es el mío", dice Saint-Exupéry en "Tierra de los hombres".

La Tierra se oculta tras unas nubes que le sirven de protección pero que impide que sus criaturas puedan abandonarla si no van fuertemente protegidos. Es como una inmensa tela de araña invisible que atrapa todo lo que cae en ella para engullirlo; no es el bello planeta azul que flota en la negrura del universo gélido y engañoso. Es como un trampantojo que presenta una falsa realidad. "Es un planeta seco, puntiagudo y salado… ¡Es un planeta muy extraño!…Y los hombres carecen de imaginación…". La mayoría de su superficie está cubierta de agua. En algunos espacios de su superficie hay cierta vegetación bien adaptada que está ahí para cumplir dos o tres funciones: servir de pasto y alimento a los seres vivos, purificar el ambiente viciado y poco más.

No se conocen aún las "razones" que mueven a nuestro planeta a comportarse, a veces, de modo tan cruel como cuando el mar sereno se torna insólitamente bravío, brutal, cuando se encrespa formando tempestades y galernas; y en la atmósfera huracanes y terribles tornados que arrasan todo a su paso o cuando se produce un terremoto en el mar cuyo resultado es un maremoto o *tsunami*; cuando ruge el volcán vomitando fuego y materia incandescente que deviene tierra fértil después de haber asolado con un río de lava su entorno. O cuando el rayo convierte en cenizas sus bosques… Por doquier reina la agresión, el peligro de muerte… Todo ello ha marcado por el sinstinto nato destructivo de todas las especies vivientes: el espacio vital. En todas partes reina la agresión, la lucha por la existencia a escala individual e incluso colectiva. Eso es lo que marca el instinto y la voluntad de poder en el hombre. Para luchar contra ello, el hombre ha ideado la solidaridad y la cooperación, ambas necesarias para convivir con los demás... Todo el conglomerado cultural heredado ha resultado inútil... También el hombre sigue siendo un gran depredador.

Si Dios hubiese consultado a los hombres sabios no habría hecho el mundo así. Poca gente se ha preocupado tan seriamente sobre estos fenómenos como Saint-Exupéry. O al menos es lo que deduzco del simbolismo que encierran las palabras que dijo el áspid al principito: que "le causaba piedad verlo tan frágil sobre esta Tierra de granito...", tan seca como sedienta de sangre. Sí, la Tierra es un planeta ávido de sangre como ya comprendió el hombre primitivo que le pagaba su tributo con sacrificios de combustión sangrientos, con holocaustos, en los que la sangre se derramaba sobre la Tierra para calmarla. (Esos sacrificios de combustión y sangre lo han practicado todos los pueblos primitivos). Pero no sólo en épocas prehistóricas y aún históricas los hombres festejaron y festejan acontecimientos con sacrificios sangrientos.

Se diría que la Tierra es un enorme sarcófago volador que encierra en su seno a millones de millones de seres vivientes, y a millardos de muertos... El único afán de los hombres es —una vez más— la conquista y dominación del "espacio vital" que considera necesario para que su nación sobreviva... Solamente durante el siglo XX los holocaustos causados por dictadores ambiciosos sobrepasan con creces las matanzas de más de quinientos millones de seres humanos. Las víctimas lo son por sus creencias políticas o religiosas, en especial las primeras, porque las segundas guerras divinales hoy solamente las cometen los fanáticos que, en el nombre de un Dios cualquiera, cometen pavorosos actos de terrorismo. Pero da igual el motivo que cada cual busque para justificar sus horribles crímenes de lesa humanidad. No hay un solo día de paz en la Tierra. Todas las naciones están armadas de sobra... Para matar a sus hijos o a los demás.

La Tierra sigue impertérrita las actuaciones de sus criaturas, que también a ella la están amenazando de destrucción. Ahí están las catástrofes perpetradas por los hombres: tala indiscriminada de árboles con pérdida de millones de especies: contaminación aérea, marítima y terrestre con todos los medios que tiene a su alcance. A la Tierra le ha salido el Gran Depredador que es el Hombre. De nada sirven las voces de alarma de los científicos; todo sea por el lucro, por el afán de riquezas materiales en detrimento de las espirituales. Por causa de lo apuntado más arriba, la ambición humana no tiene límites. En el siglo XX (el más terrible de todos los que han sido) las potencias mundiales han trazado el mapa-mundi a su antojo y en la medida de sus fuerzas dominaron el planeta para repartirse los bienes que son de todos y no de unos pocos. Y es que la guerra, la lucha por la vida, por vivir, la llevamos desde siempre impresa en su herencia genética... En nuestro cuerpo se libran a cada instante numerosas luchas entre los componentes más simples de nuestro organismo. Repito, nada de lo viviente podría ser sin esa lucha por el "espacio vital" y por la muerte o exterminio del "otro". El hombre en su cuerpo físico lleva todo un material genético bélico que acaba por destruirlo.

A la guerra no hay que buscarle otra etiología que el egoísmo y el afán de luchar por intereses personales, íntimos, es decir, sobrevivir. Aunque haya de repetirme diré que los seres vivos están condenados a muerte desde ya antes de su nacimiento. En todos los casos esto se hace patente. Para que unos vivan es necesario que otros mueran. Ese y no otro es lo que constituye la cadena trófica…, una condición formada por terribles depredadores del medio ambiente entre los que destaca el hombre, capaz de romper todos los equilibrios (como el baobab). Esto es y será una repetición constantemente perpetuada.

Todo lo que expongo aquí con brevedad es una ínfima parte de la maldad que produce la Tierra a la que ya los hombres primitivos temían y adoraban (de ahí los sacrificios sangrientos y las libaciones y ofrendas que le hacían y de lo que he hablado más arriba).

En definitiva podemos decir que la Tierra, único astro en que se creó la "vida" nunca ha sido el Paraíso del que nos hablan los mitos y las leyendas. Se puede conjeturar sobre todo lo dicho que *El Principito* nos enseña las imperfecciones que se dan en la Tierra, en el Universo, desde el *Big Bang* hasta hoy sin solución de continuidad. La Creación se funda en un acto cruel, una explosión que no ha cesado de repetirse. Quizá la Creación exista antes de ser creada… La Creación es eterna.

Este paradigma de la Tierra y sus habitantes tiene una gran importancia; es quizá uno de los más importantes de todos. El simbolismo que encierran las palabras de Saint-Exupéry nos da fe de ello. En efecto, el aviador-poeta nos cuenta que ha viajado mucho, y al respecto nos dice: "Es así como me he relacionado con mucha gente seria, como he vivido entre los adultos y los he visto muy de cerca; pero esto no ha servido para cambiar mi opinión sobre ellos. Las personas mayores se parecen en todas partes".

La Tierra seca, el barro, componente del hombre, es la causa de su dureza. Y es que los adultos son todos similares por doquier. El aviador sólo ha conseguido tener unos cuantos colegas y a un sólo amigo que le duró toda su vida. Para comprender bien cuanto digo, referente al simbolismo que encierran las palabras de *El Principito,* basta con leerlo una y otra vez, con serenidad, con sosiego, sin apresuramiento, para poder acercarnos a su "arcano" y llegar al fondo de las cuestiones que nos plantea.

Como queda dicho, la Tierra presenta una dualidad contradictoria: por un lado todo lo negativo que describo y por el otro una especie de positivismo idealista propiciado por el hombre que se rebela contra la depredación corruptora de la mayoría, sobre todo de las fuerzas político-económicas que no les importa "morir matando". Es el caso de todos los poderosos que han abusado y abusan de los débiles a los que explotan inmisericordes, así como de las riquezas que ofrecen sus países y que los explotan sin miramientos con tal de servirse de sus bienes... Hay también, desde hace siglos, una mínima parte de la humanidad que se ha preocupado por los asuntos del espíritu. Éstos son los filósofos, los urdidores de las bellas artes, los artistas (pintores, poetas, etc.) que pugnan tozudamente por dar a la humanidad una visión distinta del mundo. Pero éstos no abundan a pesar de sus alturas de miras; son muy escasos y muy pocos los que nos regocijan con sus obras. Prima ante todo el egoísmo y la ignorancia; la corrupción y la maldad.

Saint-Exupéry se entusiasmó de joven con el mito griego de Ícaro. Ambos tenían alas. Las de éste eran alas de cera y aquel las tenía de acero, pero eran alas y con ellas se sumergió en el cielo y descubrió un Mundo Nuevo: la Tierra, que hasta entonces solamente veía a ras de suelo. Desde las alturas descubrió otra faz del planeta, poblado de hombres que era necesario construir...Y descubrió un cielo lleno estrellas que tomarían un significado distinto al que nos han acostumbrado los astrónomos y los astrólogos...Y nos regaló estrellas que nos hacen sonreír. (Cada uno tenemos la nuestra).

Ícaro del siglo XX, Saint-Exupéry tenía las mismas facultades que Dédalo, el héroe mitológico a quien se atribuye el Laberinto de Cnossos (en Creta), así como dos pares de alas hechas de plumas pegadas con cera para volar junto a su hijo Ícaro. Pero éste, no quiso oír los consejos de su padre y voló tan cerca del sol que sus alas se despegaron al fundirse la cera..., y se precipitó al mar Mediterráneo... El accidente de Ícaro se repitió por dos veces en Saint-Exupéry, aunque por distintas razones. El primero fue el accidente cuando sobrevolaba el mar de arena de Libia, junto a su mecánico Prévot. Ese accidente exalta a Saint-Exupéry y con él a toda la humanidad.

> *El avión es sin duda una máquina, pero, ¡qué instrumento de análisis! Un instrumento que nos hace descubrir el auténtico rostro de la Tierra.* (T.H.).

El último accidente le ocurrió cuando un piloto alemán, abatió su avión: un caza P-38 (desarmado y adaptado para hacer reconocimientos aéreos) aviador y avión juntos cayeron al mar Tirreno, en el mar Mediterráneo, al realizar un vuelo de reconocimiento por la región de Etruria en ayuda a los que luchaban para arrojar de Francia a los nazis durante la II Guerra Mundial.

Saint-Exupéry era un hombre industrioso, era muy hábil con sus manos. Pasó su vida por el laberinto terrestre reflexionando sobre la condición humana. Pronto llegaría a la conclusión de que al hombre –al igual que al niño– hay que construirlo. A su vocación por volar (cueste lo que cueste) unió el imperioso deseo de escribir... Dédalo voló para evadirse del laberinto cretense, como el principito de la Tierra..., pero Saint-Exupéry no volaba para evadirse sino para conocer y reflexionar y ayudar a los demás a abandonar sus soledades y escapar del círculo vicioso que los aprisiona, y del odio causante por tantas guerras y muertes. La Tierra, esa diminuta esfera flotante, llena de vidas y muertos, conduce a los hombres hacia un destino ignoto el la inmensidad glaciar del espacio sideral. Saint-Exupéry era un pacifista amador de la vida y de las gentes.

¡Por qué odiarnos? Somos solidarios, llevados por
el mismo planeta, tripulación de un mismo navío.
(C.D.).

Saint-Exupéry nos ha legado a través de sus relatos un modo distinto de sentir. Las dos cosas que más le han interesado: el cielo y los hombres que unió al imperioso anhelo de escribir para dejar constancia de su búsqueda.

Pitágoras decía "Soma sema": el cuerpo es una prisión del alma. Y la Tierra es una prisión del Hombre. Pero, "la evasión no conduce a ningún lugar". La evasión es sólo un comienzo y no un fin en sí. La "evasión" del mundo debe conducir al hombre hacia su propio interior, y allí construirse encontrando al final la búsqueda de sí mismo. Y entonces comprenderá "los secretos de los dioses [.... y que] el imperio del hombre es interior". (T.H.).

Saint-Exupéry tenía, como el principito, un deseo primordial: encontrar una fuente en la que "el agua también es buena para el corazón", el Amor. No escribe nada sobre el amor, pero "desea el amor para el prójimo como para sí mismo".

La Tierra no fue para el principito un fin en sí, pero sí una llegada y un punto de partida. En esta "Tierra de granito" surgió un hombre nuevo, él, el poeta-aviador-narrador que descubrió al principito descubriéndose a sí mismo. Y el amor hacia la humanidad sufriente.

La belleza de la rosa no está en su forma sino en lo que es: su aroma,
su color, su textura
Alex

X

La rosa

Pura, encendida rosa,
émula de la llama
que sale con el día...
(Francisco de Rioja)

¡El encanto de las rosas es
que, siendo tan hermosas,
no conocen lo que son!
(J. M. Pemán)

¿Acaso la rosa es una mujer? se preguntarán algunos lectores. ¡Pues claro que sí! la Rosa del principito es el reflejo y vivo retrato de Consuelo Suncín, esposa de Saint-Exupéry... En la breve charla que mantuvieron los dos, el principito cometió la torpeza de compararla con una hierba cuando le dice:

—Los tigres no comen hierba.
Ella le responde:
—Yo no soy una hierba.

Enseguida el principito se dio cuenta de su error. Se arrepintió y le pidió perdón. El comportamiento del principito con su flor es idéntico al de un joven amador atormentado. Los sentimientos de ambos quedarían sin explicación. "El lenguaje es fuente de malentendidos". En efecto, a causa de un inocente diálogo —por orgullo o por ignorancia— saltó la chispa que acabó con un desagradable enfado, un gran enojo por cuya causa el principito huyó del planeta, no sin antes dejar a su flor protegida bajo un campana de cristal, y se alejó con la esperanza de encontrar y conocer amigos y aprender...

Su encuentro con el zorro lo tranquilizó y le dio seguridad haciéndole comprender que "su rosa es única en el mundo...". Y se dijo: "No tenía que haberla escuchado. Nunca hay que escuchar a las flores. A las flores nunca hay que escucharlas; hay que mirarlas y olerlas. Debí haber adivinado su ternura, tras sus pobres artimañas. Le dijo al zorro, "Nunca debí huir (...) ¡las flores son tan contradictorias! Pero yo era demasiado joven para saber amarla".

La rosa no es en sí aquí un símbolo sino una alegoría simbólica basada en el amor entre dos personas. Quizá no sería el único de Saint-Exupéry pero nunca nos habló del que tuvo en su juventud, y que no fue correspondido. Sólo tendría amorcillos pasajeros, con mujeres fáciles (*les mignones*), amor de joven enamoradizo repentino e inesperado con alguna conocida. ¿Era aquel amor de juventud, no correspondido, igual al que Saint-Exupéry –ya en su madurez, en Argel– sentiría por una joven mujer casada?, ¿era la última de su vida, que no correspondía a sus deseos? Nunca se sabrá, creo yo.

En el sentido espiritual profano la rosa es sinónimo de amor, amor que puede llegar a ser sublime, moral o físico, carnal; el amor es el que da aroma al hogar. No hay que confundir el amor con el delirio de posesión. Puede también ser ternura, puede servir de empatía y admiración, de felicitación o simplemente para felicitar un acto social o bien ofrenda recordatoria de sucesos gratificantes.

En la Tierra, el principito comprendió lo que su Rosa representaba para él. Tranquilizado por el zorro y convencido de su error, el amante sólo ansiaba el reencuentro con su amada…

Al principio de su visita a los seis planetas, el principito no echó de menos a su flor… El principal objeto de su viaje era "Conocer y buscar amigos". El hombre no puede vivir solo: "No es bueno que el hombre esté sólo, voy a hacerle una ayuda semejante a él". (Gé: 2; 18).

En esos planetas el principito no conoció a nadie con quien poder establecer lazos amistosos, porque no sabía aún como se hacen los amigos. Desconocía el verbo cautivar (*Apprivoiser*). Su decepción fue muy grande. Al llegar a la Tierra tampoco se hizo muchas ilusiones: el áspid le advirtió que la soledad reina entre los hombres; una sencilla flor con tres pétalos que halló en el desierto tampoco le alentaría. La Tierra que iba descubriendo era desértica, dura y puntiaguda; las cinco mil flores que halló en un solo jardín, le produjo amargura y desencanto… En la conversación que tuvo con el zorro éste le despertó la ilusión de amar a su flor por ser para él única en el mundo… Fue entonces cuando el principito tomó conciencia de ella y de ellos dos.

La aparición inesperada de la rosa en su planeta, sin darse cuenta de ello, lo trastocó de tal suerte que con ella erigió una hermosa alegoría del amor. Así la rosa del cuento no tiene ningún significado simbólico religioso o místico. Es una alegoría sobre el amor hacia la mujer, considerada en este caso como la viva imagen que ella le despertó. Esa rosa era el signo, el emblema y la razón de su amor, en el sentido lato de la palabra. Conociendo como se sabe la necesidad de amar y ser amado de Saint-Exupéry es fácil adivinar. Esa metáfora alegórica es el fiel reflejo de sus desengaños amorosos. No obstante, Saint-Exupéry encontró en su esposa, Consuelo, la dicha del amor que él sentía como verdadero. Consuelo es una mujer muy sensible, pintora y poetisa… Así para el principito, la rosa tiene como significado el amor que le profesa, el cariño que le tiene y la importancia que tomó en su vida cuando fue consciente de su obligación para con ella; de su consideración, cosa que no supo cuando estaba junto a ella en su planeta ni tampoco del vínculo cordial que les unía. Y eso es precisamente lo que le transmitió el zorro para que diera a su vida una fuerte razón de ser.

Ya en la Tierra, el zorro le advirtió de su responsabilidad; eso y la distancia fueron los causantes de su añoranza; su presencia aparente. En su recuerdo era más denso si cabe que su presencia real. El hombrecito se iba haciendo hombre a causa de su responsabilidad: "Ser hombre es precisamente ser responsable". (T.H.).

El principito a partir de entonces estableció una escala de valores y situó en lugar preferente a su flor, porque ella "perfumaba su planeta", porque la protegió, la cuidó; porque temía por su desaparición y no quería perderla. Y porque con ella creó los lazos afectivos cautivadores. Al tomar conciencia de ello le invadió el deseo del regreso. Había aprendido lo suficiente; ya no quería saber más, no por hastío sino porque encontró el sentido de su vida. Al principito sólo le quedó un deseo: volver a ella para amarla de por siempre, pues en ella descubrió lo esencial de su vida: el Amor.

Saint-Exupéry emplea muy a menudo en sus escritos la palabra "amor"; parece como si en su vida le hubiese siempre faltado. En efecto, hay razones para creer que no fue feliz en sus primeros años amorosos. Sin embargo tenía admiración por la Mujer, aunque en sus obras no cite a muchas de ellas. Su amor malogrado se llamaba "Rinette", ésta era en su "Cartas a una amiga desconocida" (L.J.). Su esposa, Consuelo lo amaba, lo alimentaba con cariño, lo velaba durante su sueño reparador y lo "cargaba de tiernos lazos, de música, de amor y de flores...". Ella le revela "otro sentido de la vida y el mundo sagrado de la felicidad".

El amor del principito hacia su Rosa era no sólo platónico o romántico, era una necesidad vital: tenía necesidad de amar y ser amado. Su rosa no es una planta, era un ser candoroso; muy coqueta y presumida...

"Solamente quería aparecer en la plena irradiación de su belleza. ¡Sí, ella era muy coqueta!" Le decepcionó por su vanidad y le atormentaba más cuanto más la quería. Fue al visitar por dos veces el jardín de la Tierra cuando tomaría conciencia de ello, gracias al zorro. En este planeta crecían toda suerte de flores y había jardines con miles de ellas que tenían una breve existencia y que nunca nadie amó, sólo eran cuidadas para algún día ser cortadas y vendidas. Ninguna flor hace dos primaveras; algunas nacían con el alba y se extinguían al ocaso. Para el principito su flor era única en el mundo porque pertenecía a otra especie: era una rosa procedente de otro lugar, de otro mundo. Su aparición en su planeta maravilló al principito; aquella brizna, aquel tallito no se parecía a ningún otro. En su lento desarrollo llamó su atención; preparó en la intimidad un grueso botón, un capullo que encerraba a una flor muy bella. Para el principito era una milagrosa aparición que se despertó una buena mañana al tiempo que amanecía... Algo similar le sucedió al piloto al despertar de una profunda ensoñación en la que el principito tomó forma después de un lento desarrollo en el pecho del aviador-narrador.

La Rosa, como símbolo, aquí es alegoría. Pero aunque la Rosa no sea en el estricto sentido un símbolo en el cuento —aunque también—, no es menos cierto que personifica el amor que el principito siente por ella. No es un amor-pasión sino más bien platónico. "yo era muy joven para saber amar".

El geógrafo había dicho al principito que su rosa era efímera, pero el zorro lo desmintió asegurándole que viviría de por siempre en un rincón de su corazón.

Fue entonces cuando se percató de la importancia de ser cautivado, de que la quería sobre todo. Fue entonces cuando tomó conciencia de ello. Su afecto por ella, su amor, era una garantía muy valiosa... Sin saberlo tuvo el presentimiento que aquella rosa sería, de por siempre, la preferida en su planeta, al que cuidaba con esmero arrancando las posibles malas hierbas. Lo aseaba cada día, y de noche cubría la flor con un globo para que no se enfriara. La rosa representaba para el principito algo más que no sabía; un amor que se había de prolongar más allá de su planeta.

Aún no siendo un símbolo propiamente dicho, repito, esta metáfora de la flor tiene una profunda significación simbólica para el principito pues también denotaba el deseo de convivir, de compartir el resto de su tiempo con el ser amado. Es igualmente la toma de conciencia de lo que se ha cautivado, es decir, de haber creado un lazo afectivo, que fue lo que le unió a ella por el hecho de ser delicado, ingenuo y sencillo y que despertó en el principito toda la ternura con la que fue capaz de amar... porque ella perfumaba su alma, su planeta; porque la protegió, la cuidó y porque temió por su desaparición. De ahí su preocupación de perderla si el cordero se la come, sin saber lo que hace. Y porque ambos sin saberlo establecieron vínculos sólidos de afecto... de amor.

Las cinco mil flores silvestres del jardín pertenecen a un género bien otro; la del principito le produjo al principio sensaciones acogedoras maravillosas, aunque no supo darle su sentido y su valor.

La vida sólo tiene sentido si intercambiamos poco a poco. (C.D.).

Al igual que muchos otros elementos del cuento, la Rosa no es un símbolo en sí, pero un objeto simbolizante del que cada cual podrá extraer diferentes significados. Para la cultura occidental, la Rosa tiene también un significado espiritual de otro orden. (La Rosa Mística de los Rosacruz, La Rosa de San Juan o la de la letanía lauretana que designa a la Virgen María también como *Rosa Mística*. Aquí como un gran valor religioso). En el sentido laico, profano, la Rosa es sinónimo de amor, que puede llegar a ser sublime, moral y físicamente. El amor se alimenta con la ternura, con actos sociales, como ofrenda de felicitación o de dolor. La Rosa, es el emblema del amor...

Cuando por mutación nace en el jardín una rosa, todos los jardineros se conmueven. Se aísla a la rosa, se la cultiva con amor, se la favorece... [...] Pero, no hay jardineros para los hombres. (C.D.).

Con esa alegoría de la Rosa, que tanto emocionó al principito el aviador, Saint-Exupéy, compuso esa bella alegoría al amor.

Con Consuelo, experimentó una verdadera felicidad. Ella era "su" Rosa... y con ella descubrió el valor espiritual de amar y ser amado... El cantante francés, Gilbert Bécaud canta una copla dedicada a la Rosa titulada "L'important c'est la Rose, l'important", como homenaje a *El Principito*. Si la Rosa del principito perfumaba su planeta, la Rosa, Consuelo, perfumaba el hogar de Tonio. Su vida con Consuelo tomó sentido.

El principito constataría que ya nada más quería aprender. Su vida, ahora, tenía un sentido...

Sólo importa para el hombre el sentido de las cosas. (C.D.).

No cabe duda esta es mi casa, aquí reviso aquí sucedo,
esta es mi casa detenida en un capítulo del tiempo
Mario Benedetti

XI

El cordero

He renunciado,
hace mucho tiempo,
a creer en mis ojos.
(A. de Saint-Exupéry)

Contrariamente a lo que pudiera parecer a simple vista el cordero –en el cuento– no es el angélico animal inocente que estamos acostumbrados a ver en iconografías profanas o religiosas.

En el caso que nos ocupa, el cordero es un animal asilvestrado que no había sido domesticado, cautivado por el principito.

El aviador se afana más en la reparación de su aeroplano que de lo que el principito le cuenta y le pide. Para aquel, "es una cuestión de vida o de muerte". Pero el principito era muy tenaz y nunca dejaba de preguntar si no había recibido respuesta a otra anterior. El principito le pidió una cosa que al piloto le pareció insólita: ¡que le dibujase un cordero! El piloto no le hizo caso porque estaba preocupado por la avería de su avión. El principito se mantenía en sus trece: ¡quería un cordero!

Pero "Cuando el misterio es demasiado impresionante, uno no se atreve a desobedecer", se dijo el aviador mientras reparaba su máquina... El principito insistió con impaciencia y, por fin, el aviador obedeció, sin tan siquiera intentar comprender el misterio... Una vez el deber cumplido, reflexiona sobre la importancia y profundidad que descubre en el niño. Primero se trata de reparar la avería y luego cavilar. Parece como si el hombre se identificara más con la máquina, pero sólo lo parece...

Y el principito ante el temor de que el cordero pudiera comerse a su flor rechazó todas las garantías de seguridad que le ofreció el piloto en sus dibujos. Los tres primeros dibujos no le gustaron. Prefirió el cuarto: la caja, "con tres agujeros de aeración", en la que lo encerró (aunque en un momento dado le recordó el bozal y la correa de cuero que le había ofrecido el aviador). "No se ve bien sino con el corazón. Lo importante es invisible para los ojos". Y cuando el principito regresó a su planeta para unirse con su flor, el piloto se arrepintió de no habérselos agregado... Entonces fue cuando le asaltó la duda de si el cordero se comió o no a la flor...

El simbolismo que encontramos en este capítulo consiste en la tomas de consciencia y de responsabilidad por parte del principito: el cordero podría comerse la flor "aniquilarla de golpe sin darse cuenta de lo que hace".

Ese afectuoso, enamorado de su Rosa, a pesar de los peligros que ella pudiera correr, no quiso atar al cordero, quizá, su deseo sería amansarlo, domesticarlo para que conviviese en armonía con su entorno. Prevalía, para él, ante todo la libertad...

XII

El baobab

El árbol que se tuerce no sólo es
Antiestético sino que afea el paisaje.
(A. de Saint-Exupéry")

En las conversaciones que sostiene el principito con el piloto le iba desvelando poco a poco su vida en su planeta y le dio razones válidas referentes a su marcha, al sentido y a la finalidad de sus viajes interplanetarios. Eso permitió al piloto ir tomando consciencia al albur de sus reflexiones sobre cada asunto. Así, a causa del cordero, surgió el dramático problema que tenía con los baobabs cuyas "semillas infestaban su planeta". Y es que el planeta del principito tenía muchas simientes de ese árbol y si germinasen cubrirían su superficie... De crecer todos, con sus enormes raíces llegaría a explosionar el planeta, lo destruirían. Ese comportamiento del Baobab es una metáfora del "Complejo de Edipo" que llega a matar a su progenitor, en este caso el planeta.

El principito había creído en las palabras del piloto cuando le dijo que "era verdad que los corderos se comen los arbustos". El piloto, preocupado como estaba con la reparación de su la avería, respondió cualquier cosa a la pregunta del principito:

–¿Y, tu crees, que las flores...?
–¡No! ¡No! Yo no creo nada. Yo me ocupo de cosas serias!

El principito quedó sorprendido por las palabras del piloto.

–¡Tú hablas como las personas mayores! ¡Lo confundes todo... lo mezclas todo!

El principito insistió en que era muy importante que los corderos se coman también a los arbustos y el piloto hubo de hacer un gran esfuerzo mental para comprender el dilema de aquella circunstancia. El principito lo dejó para que el piloto encontrara, él solo, la respuesta...Y al fin comprendió la evidencia que encerraba el temor del principito. Dudaba mucho sobre los gustos alimentarios de los corderos. De ahí que fuese tan importante si comen baobabs... Si se trata de malas hierbas hay que arrancarlas inmediatamente y desembarazarse de ellas apenas brotan. Era una cuestión de vida o muerte, de dónde la necesidad de eliminarlas. Es un trabajo aburrido y cansino, pero necesario. El olvido de la limpieza cotidiana era el primer movimiento de responsabilidad del niño. La urbanidad, el respeto por lo ajeno y por el entorno... Hay que arrancar del alma el egoísmo y la inmoralidad.

Esta metáfora nos indica que se hace necesario erradicar malas costumbres, que pronto aparecen en los niños pequeños que hay que corregir apenas surgen. No hay nada más pernicioso para el niño que las malas costumbres. Hay que educarlos desde el principio mostrándoles la diferencia que existe entre el bien y el mal. Y ello requiere paciencia.

Se constata que el "Rey Sol", "Pica-la-Luna", el hombrecito creció en un hogar donde ha recibido los más nobles materiales para construirse como hombre de bien... He aquí otro tropo para indicarnos que el Baobab simboliza aquí, que las malas costumbres, la pereza, la falta de disciplina, la necedad; así como los funestos vicios, la corrupción moral, la perversión del individuo contaminan y pierdan la sociedad humana...

Haciendo la transposición de esta metáfora a la Tierra se comprenderá que los baobabs representan la masa de hombres que la pueblan. La mayoría de los hombres son personas inconclusas, indeterminadas, irresolutas, que viven como si vegetaran alimentándose de cosas fútiles, banales, que les impiden evolucionar hacia un plano espiritual.

Ésta también podría considerarse como otra bella alegoría. La del Baobab probablemente la creó Saint-Exupéry para hacernos ver la dualidad, la dilogía o ambigüedad que se da en la Tierra y que es semejante al gigantesco árbol que, por un lado ofrece sombra, agua, alimento y por otro se comporta como depredador, destructor capaz de hacer reventar el planeta que lo sustenta. El principito, cuando tiene alguna duda reflexiona y medita profundamente sobre hechos concretos. Así, pensó que ese árbol gigante era muy peligroso para su asteroide. Sus extensas ramas envolverían todo el espacio y sus gruesas raíces levantarían el suelo haciendo estallar el planeta. El baobab si llegara a crecer le supondría un grave peligro y por eso hay que arrancarlo cuando se le descubre. Este tropo del baobab y su peligro se puede aplicar muy bien a los hombres indisciplinados desde su infancia. Su condición terrenal hace de él un ser destructivo y depredador capaz de asolar todo su entorno vital, el medio ambiente que le rodea.

Al quinto día de su encuentro con el aviador, bruscamente y sin preámbulo, el principito le planteó un problema cuya solución él no tenía. Dicho asunto era para él muy grave. Entonces, de repente le habló sobre el baobab, la flor, el cordero y le hizo la primera pregunta que le vino a la mente. El aviador no entendió por qué era tan importante que los corderos comiesen arbustos. El principito tenía dudas sobre los gustos alimentarios de los corderos. Sabía que pastaban pero ignoraba si se comían o no las flores... Por eso era necesario que el cordero se comiese a los pequeños baobabs. De manera que había de estar vigilante y limpiar su planeta antes de que los tallitos que nacen crecieran y con ellos sus raíces. Sobre el planeta del principito había toda suerte de hierbas y hierbajos que nacen de diminutas semillas que son invisibles. Si se trata de malas plantas hay que arrancarlas de inmediato cuando se las reconoce. Y si no se arrancan a tiempo ya no se podrá desembarazarse de ellas.

Esto es una metáfora más que trata sobre las malas costumbres que pueden aparecer en los niños y que hay que corregir de inmediato. A los niños hay que educarlos desde pequeñitos. Repito que el abandono del aseo cotidiano (en todos los órdenes) es el primer movimiento negativo en la vida del niño, que acrecentará con su crecimiento. La dejadez del respeto debido a los demás y por el entorno ecológico y todo lo que esto implica harán que nuestro planeta se convierta en un astro estéril, tanto en el plano físico cuanto en el moral. Aumentaría indefinidamente el egoísmo, el desamor, la inmoralidad, la perversión en todos los órdenes de la vida. No ha de perderse de vista que el hombre ineducado, egoísta, es el gran depredador. Todo ello por un afán inútil de lucro. La alternativa a tanta imperfección es una conducta seria, responsable, un comportamiento honesto y cabal... En cierto sentido el comportamiento del baobab es muy similar al de la serpiente Boa... Ambos que lo arrasan todo, lo engullen todo... El pequeño baobab —el niño— se ha de podar, eliminar sus raíces innatas y las hojas muertas. Con los niños pequeños se ha de hacer algo similar para que crezcan bien y ser los mejores de entre los hombres.

Saint-Exupéry emplea mucho la palabra "construir", porque insiste en que el hombre, su destino no está predeterminado. Se heredan únicamente los genes y parte de la memoria colectiva. El resto es producto de las circunstancias, de la cultura, del medio ambiente y de las costumbres transmitidas por la tradición.

XIII

Los hombres

La vida del hombre es solitaria,
pobre y desagradable; brutal y corta.
(Thomas Hobbes)

Has de saber que los hombres,
aunque los revientes,
no obstante harán siempre lo mismo.
(Marco Aurelio)

La verdad de los hombres es
lo que hace de él un hombre.
(A. de Saint-Exupéry)

El hombre es capaz de destruir toda la biomasa, toda la ecología que le circunda. Parece como si no le importara nada destruir el planeta aunque ello conlleve su propia desaparición. Y todo por egoísmo, por su desamor. El hombre, en general, no tiene una escala de valores de las cosas... No tiene disciplina y su único fin es acaparar, destruyéndolo si fuese necesario. Aquí viene bien la sentencia de Plauto, que repitió el filósofo Thomas Hobbes: "Homo homini lupus", (el Hombre es un lobo para el hombre), que en su tiempo era ya un adagio muy conocido. Sin embargo, después de tantos siglos todo sigue igual...

Después de su conversación con el áspid, el principito se dispuso a atravesar el desierto... Al emprender su larga caminata por el pedregoso páramo en busca de los hombres halló "una flor insignificante con tres pétalos, que no valía nada..." Y luego de un saludo cortés, el principito le preguntó:

—¿Dónde están los hombres?

—¿Los hombres? Existen, creo, que seis o siete. Los he apercibido hace años. Nunca se sabe donde encontrarlos. El viento los pasea. Carecen de raíces, lo que les molesta mucho. (P.P.).

Con esto vemos el desarraigo de los hombres. No saben donde están ni adónde van y, al parecer, no les interesa saberlo. El simbolismo contenido en este corto diálogo augura el impedimento, los obstáculos, para ligar sus vidas, con algo positivo, a los hombres. La mayoría de ellos se siente sola, incluso cuando está rodeada de una multitud de gente.

Nuevamente se manifiesta la soledad que sume a los hombres que se hallan tan solos como la flor simple que vive solitaria en la inmensidad del desierto. En general, los hombres tienen un único interés en la vida: cazar lo que sea es decir matar y obtener dinero, estatus social, poderes, nimiedades; en definitiva dedicarse a algo que les procure un beneficio material. Vegetan en la Tierra sin raíces, sin lazos afectivos, en un sin vivir… Desconocen las bondades de la vida espiritual. Esa mayoría de personas está vacía, sin contenido… Son incapaces de alcanzar un estadio superior ornando sus almas con Belleza y Amor… "El amor a sí mismo es lo contrario del Amor". (C.D.). Las personas que persiguen sin tregua riquezas materiales son como esos animales que pacen dichosos en inmensos prados verdes que les asegura solamente poder seguir comiendo…

Vosotros lucharéis contra los lazos del hombre con los bienes materiales. (C.D.).

Sus vidas se deslizan en corporaciones o instituciones financieras, en agrupaciones ociosas, en manadas. Son como los borregos de Panurgo. (Cuando uno de ellos cayó al mar, los otros le siguieron, se ahogaron con él y arruinaron al tratante de ganado).

Con esta metáfora ovejuna quiero reflejar la poca imaginación, el poco juicio, que ponen los hombres en sus íntimos asuntos. Son esas personas que están atrapadas por el materialismo y los negocios rentables. Este razonamiento lo resalta Saint-Exupéry. Nuestro poeta-aviador no está contra la sociedad humana, sino contra los hombres subyugados y esclavizados por ella. De ahí la necesidad de su libertad, de su construcción… Un proyecto social en el prevalecería la educación que permita la liberación de todos sus semejantes.

Los seres humanos nacen solos, pero tienen la necesidad vital de socializar, de cohesionar con sus semejantes. Eso es lo que preconiza Saint-Exupéry en toda su obra escrita. La toma de consciencia que consiste en aprender a vivir en comunidad espiritual con el fin de ser positivo y útil a la sociedad. Generalmente, los humanos viven ciegos y sordos frente a las cosas del espíritu; por eso es conveniente que sepan que para empezar deben ayudarse a sí mismos: "Ayúdate a ti mismo y entonces los otros te ayudarán". (C.D.).

La Torá dice: "Amarás a tu prójimo como a ti mismo". (Le. 19; 18).

He aquí "el principio del amor al prójimo" que aconseja el gran filósofo alemán Friedrich Nietzsche, tan admirado por Saint-Exupéry... Así podrá alcanzar, al aplicarlos, los principios básicos por los que debe regirse la sociedad humana. El individuo debe caminar hacia los otros hombres: "Juntos debemos mirar hacia la misma dirección". (C.D.).

A fuerza de ser repetitivo debo insistir que el mayor número de la especie humana está compuesta por adultos que han olvidado el pensamiento originario... Las personas mayores creen ocupar mucho espacio en la Tierra, ignorando que: "Se podría amontonar a toda la humanidad sobre el más pequeño islote del Pacífico". (P.P.).

Nos dice Saint-Exupéry. Y, si reuniéramos sus cenizas, aún en menos espacio... El principito, a una respuesta que le da el aviador, le dice:

El hombre, abandonado a sus pequeñeces, es incapaz de cultivar una amistad duradera si no lo atan los intereses creados o que pueda obtener. Se impacienta por "poseer", por triunfar, pero para conseguir a un amigo "hay que ser paciente", dijo el zorro. Sin embargo los adultos tienen por costumbre ser poco juiciosos, peor aún: poseen una razón fría y débil que les hace creer que son posesores de la verdad. ¡Vanidad! Cuando están descontentos buscan fuera de sí, mientras que su riqueza está en su interior. Buscan a veces la compañía de alguien por no estar solos, pero no su amistad desinteresada.

El sentido simbólico que tiene este capítulo refleja a las claras que el hombre es el más digno de los hijos de la Tierra. Ha heredado de ella no sólo su configuración física (están compuestos como ella por tres cuartas partes de agua) sino en sus modos de actuar conscientemente en la vida, en "sus" vidas. Los hombres se sienten muy ufanos cuando pueden decir "eso es mío, eso me pertenece, yo soy su dueño" y no saben que, al igual que los reyes, ningún hombre posee nada. La generosidad y el amor que tienen los seres buenos, que dan todo sin egoísmo se contrapone a las personas perversas y malas que además de vivir en un mundo horrible, siempre pretenden obtener algo a cambio: comprar con malas artes. Afortunadamente no todos en el mundo son así. Hay también algunos hombres con otras perspectivas. Los hay diferentes, razonables y sensatos, y aún muy buenos. Hombres de bien, de buenas costumbres y caritativos. Saint-Exupéry tenía muy claro su Humanismo. El hombre no es más que un eslabón del Hombre.

> *No eres más que un nudo de relaciones: son la ra-*
> *zón de tu existencia y ellas existen por ti. [...]. Tú*
> *perteneces a un templo, a un dominio a un imperio.*
> *Y ellos existen por ti. (C.D.).*

El empleo reiterado de tropos, de metáforas o de alegorías referentes a la correcta conducta humana es el *leitmotiv* repetido sin cesar en *El Principito*. Nos ayuda y nos anima a cumplir con el fuego sagrado, con los nobles sentimientos y afectos hacia la humanidad, a la que tenemos el deber de construir.

XIV

Los niños

Corrige a tu hijo y te dará
las delicias del alma.
(Pr. 29; 17)

¿Y yo, de dónde soy?
Soy de mi infancia.
Mi infancia es mi país.
(A. de Saint-Exupéry)

Lo que se da a los niños,
los niños, lo darán a la sociedad.
(Carl Menninger)

Hay tres premisas que apuntan a lo que son los niños:

—El niño no nace libre de sus actos; si no se le enseña a alimentarse a los tres días moriría.

—Al niño hay que acostumbrarlo desde el primer día, hay que enseñarle lo más básico: saber comer y, al poco tiempo, enseñarle a dominar su cuerpo y sus instintos.

—Ya pronto, el hombrecito se dará cuenta de que no todos los seres humanos son iguales. Y que su destino no está predeterminado.

Al tiempo que se les va educando hay que enseñarles en qué consiste la moral. Hay que construirlos por dentro con valores espirituales y éticos de respeto y amor al otro.

A Saint-Exupéry, el recuerdo sentimental de su infancia le perseguirá para siempre.

—Para los que fueron niños dichosos, el refugio siempre está detrás. Las imágenes de confianza serán para siempre consuelo.

Le gustaba jugar con los niños que le hacían descubrir nuevamente su infancia. Era muy popular entre el conjunto de chiquillos traviesos de Nápoles o de Argel, con quienes tenía por costumbre hacerles helicópteros de papel y al tiempo "cautivaba" a cualquier niña que encontrase. (L. Estang).

Dentro de cada uno de nosotros, de modo más o memos consciente, hay un niño dormido. Saint-Exupéry ha dicho en más de una ocasión: "La infancia es el territorio del que, cada uno de nosotros hemos salido". (P.G.).

Los niños pequeñitos no olvidan los comportamientos positivos que se les ha inculcado desde su tierna infancia... Los niños tienen una mirada llena de curiosidad. Lo ven todo con asombro e inquieren todo con insistencia. Plantean siempre preguntas con la intención de saber (como el principito). Tienen razones no razonadas; son intuitivos y se mueven dentro de un mundo imaginario, virtual, no exento de cierta maldad y de bondad. Y mientras continúan siendo niños su lenguaje es más bien simbólico. Los niños, aunque no sepan expresarlo, tienen suficiente capacidad para "comprender" los comportamientos de los adultos. Por eso el cuento también va dirigido a éstos que, por su edad, puedan ser capaces de analizar y saber las relaciones de amor y amistad entre las personas. Los niños son todos proyectos de hombre y como todos los proyectos deben ser llevados a su realización a buen fin, a su construcción. De ahí la importancia que tiene su educación, su preparación que los ha de formar tanto física como espiritualmente. La inmensa mayoría de las personas adultas que nos rodean carecen de una formación cívica adecuada. No se trata solamente de urbanidad –que también–, de costumbres sociales, porque éstas son una cuestión cultural que los pueblos se han dado... Aquí nos referimos al comportamiento sentimental que, desde la niñez, ha de ser inculcado a los niños para que no lo olviden. Es cuestión de enseñanza, pero no de disciplina férrea sino de aprendizaje de las bondades con que se premia el hacer bien las cosas; la persona ha de discernir con razonamiento concordante y armónico porque ello le procura bienestar social. Los humanos, sus comportamientos, han de tener miras muy altas. Debemos vencer las tendencias innatas naturales propias a los animales, porque si compartimos con ellos la Tierra no por eso vamos a actuar como ellos. El hombre ha cultivado una moral universal, una ética que distingue el Bien del Mal para así regular su proceder con los demás seres vivientes. En esto debemos basar nuestras valoraciones. No hay que confundir esto con la moralina que es una moralidad inoportuna e hipócrita.

Saint-Exupéry insiste, reitera mucho en la construcción del hombre, en el sentido que mejor ha de alcanzar su vida… Los niños deben llegar a ser adultos no sólo en edad sino también en su correcto comportamiento: su formación ha de iniciarse desde temprana edad, evitando que se subleven y procurando que sean dóciles pero no sumisos para llegar a ser bien educados. La educación —en todas sus formas— se haya estrechamente ligada al bienestar. Los pueblos que malviven no pueden acceder a la educación al no satisfacer sus primeras necesidades vitales: alimentarse y asearse.

Los pueblos con un desarrollo ínfimo no pueden alcanzar un grado de civilización que les sea indispensable. Es el "Primum vivere, devinde philosophare", dice muy acertadamente un antiguo adagio. Sólo aquellos que han alcanzado cierto grado de civilización pueden llegar a aspirar a una vida espiritual. Los otros solamente ansían sobrevivir. También es necesario llegar a los menesterosos dándoles la posibilidad de atravesar el umbral de la penuria en la que malviven y ello les permitiría vivir mejor; la ayuda ha de ser primero de tipo material y luego educacional. Los niños guardan por un corto período de tiempo en sus vidas un estado aparentemente candoroso que irá desapareciendo a medida que crecen al imitar a los adultos. Sin embargo hay adultos que gracias a su sensibilidad mantienen vivas ciertas ilusiones de la niñez.

> *Retrocedí hasta mi infancia para encontrar el recuerdo de una protección soberana. La protección no existe para los hombres. Una vez hombres, se nos deja a solas.* (P.G.).

No obstante en el corazón de cada persona duerme un principito, a veces para siempre.

Una frase muy utilizada dice que aún se guarda en el pecho "al niño que llevamos dentro". Mientras se mantienen niños su "lenguaje" es más bien simbólico, primigenio. Los niños tienen aún ese grado de desprendimiento de las cosas: cuando con cariño se les pide algo lo dan sin esperar compensación alguna. En su contacto cotidiano con los adultos se vuelven egoístas. Únicamente los que son movidos por el amor no esperan otra recompensa que la dicha que obtienen dando. Por lo tanto necesitan ser educados, itero una vez más, enseñarles el recto camino con la intención de que sean altruistas. Algunos niños suelen ser poco indulgentes con los adultos sobre todo cuando éstos no los entienden, y especialmente cuando, por impotencia y desconocimiento, quieren ejercer una "voluntad de poder". *El Principito* no es, repito, una fábula moralista, aunque sea encantadora. "Los adultos son así [...]. Los niños deben ser muy indulgentes con los adultos". Los niños lloran exigiendo y exigen llorando. A veces no son tan inocentes como se puede creer; por eso hay que guiarlos por el buen camino. Sus primeros pasos son vacilantes, caminan a tientas, y no hacen sino esfuerzos para buscar, aprender. La experiencia es primordial. Esos primeros gestos no tienen otro sentido que el de hacerse con el misterio de la vida. Sus primeras experiencias son fundamentales.

En Saint-Exupéry vemos que su generosidad le llevó a dedicar El Principito a su amigo Léon Werth cuando ambos en sus respectivas edades adultas compartían confidencias...Y por ello también suele repetir una y otra vez que "no ve bien sino con el corazón, lo esencial es invisible para los ojos". *El principito* se contentará con intentar cautivar a los humanos y a las cosas tal y como le fue enseñado por el zorro; este proceder lo solía recordar a menudo. Esta es una metáfora simbólica que nos lleva a la conclusión que el universo mental de los niños se va diluyendo en la materialidad mundana en la que viven las personas adultas.

En cada esquina, un amigo.
En cada rostro, igualdad.
José Afonso *Grândola, Vila Morena*

XV

El zorro: cautivar

y la amistad

El amigo es una defensa fuerte,
y quien lo halló, halló un tesoro.
(Ec: 6; 14)

Hay amigos que sólo son para dar compañía,
pero los hay más afectos que un hermano.
(Pr: 18; 24)

No hay opinión pública,
filosófica o religiosa que valga
el sacrificio de una amistad.
(Anónimo)

De todos los personajes que aparecen en el cuento, el zorro es el único del que se hizo amigo. Este astuto e inteligente personaje le abrió al principito los ojos del alma. Le dio sabios consejos que le permitirían hacerse una "escala de valores" que le servirían de por siempre. Sobre todo en lo concerniente al amor, a la amistad a través de lazos afectivos, con bondad, es decir cautivando... amando.

Apprivoiser es una palabra francesa que no tiene su verdadero equivalente en la lengua española. Se la suele traducir por "Cautivar" que es lo que más se aproxima a *Apprivoiser*. Esto no significa domesticar, porque las personas no se domestican sino que se las cautiva con cariño; a las personas se las ama (el amante es cautivo del amor de su amada). Con las personas se crean lazos afectivos; eso es lo que quiere decir cautivar. Y esto solamente lo consigue el hombre que valora a otros, a otras. "Valorar a alguien y valorar algo, valorar algo en alguien, valorar a alguien por algo implica estar abierto, salir de sí, acoger y comprender al otro y una entrega que se hace palabra pública". (Ángel Gabilondo, ex-ministro español de Cultura y filósofo).

Durante su estancia en Sidi Ifni (Marruecos), Saint-Exupéry vio que algunos nativos capturaban algún fenec pequeñito y lo alimentaban con su mano. El fenec les iba pareciendo cada día: "Más precioso al enriquecerse con su sedoso pelaje y por sus travesuras... El hombre vivía con la vana ilusión de transmitirle al animalito algo de sí mismo, como si el otro fuese alimentado, formado y compuesto con su amor... Y si algún día se escapaba en la arena el fenec era llamado por el amor, se vaciaba de golpe el corazón del hombre". (C.D.).

Cuando esto ocurrió, un día sus amigos le sugirieron capturar otro: "Hace falta demasiada paciencia les respondió, no para cogerlo sino para amarlo". Esto le sucedió al piloto en el Sahara marroquí... Los fenecs son cánidos parecidos a pequeños zorros, no más grandes que las liebres. Ornan sus cabezas con grandes orejas, su pelaje es corto y color beige arena clara, casi blanco... Saint-Exupéry encontró en su memoria al zorrito libio... ¿Por qué el zorro es una figura tan importante en el cuento? Quizá porque un zorrito del desierto, un fenec, fue el que le dio al aviador la oportunidad de ser "cautivado"; el día en que, durante su aterrizaje forzoso en el desierto de Libia, se olvidó del hambre y la sed que le acuciaba y, dejando de pensar en ello, fue atraído por ese animalito, cuyo comportamiento le causaría tanta impresión como deseo de conversar con él; pero era un zorrito salvaje...

El aviador no se acordó por unos momentos que tanto él como su mecánico estaban en peligro de muerte segura. Se olvidó de la fiebre que los atenazaba, de las quemaduras de sus gargantas, de la sequedad e inflamación de sus lenguas, de los espejismos... En aquellos momentos se burlaba de la vida y de la muerte. En su mente trazaba los primeros elementos de su escala de valores... El aviador y su mecánico no probaron bocado en dos o más días.

Decidido a cazar furtivamente algún animal que les sirviera de alimento, verificó unos cepos que tenía y los colocó con esperanza ante la boca de unas madrigueras;

pero estaban vacías... Siguió caminando pensando de qué vivirían los animales carnívoros en el desierto...

Siguió las huellas de uno de ellos y sintió alegría por esos "signos de vida" (las huellas dejadas por un ser viviente le anunciaban la posibilidad de seguir viviendo). Dichas huellas le llevaron hasta una estrecha rambla donde emergían minúsculos arbustos secos cuyas ramitas estaban cargadas de caracolillos dorados. Éstos constituían la despensa del zorrito, ese animalito astuto, inteligente y sabio, que carece de toda connotación negativa. El comportamiento de aquel zorrito se convertiría en una metáfora importante para Saint-Exupéry; fue como el símbolo de la sabiduría práctica. Era ecónomo por la necesidad de preservar su vida con la ración diaria. Comía los caracolillos más grandes... permitiendo que los pequeños crecieran. Es lo contrario del depredador. Respeta la ecología de su medio ambiente. Quería vivir siempre en armonía y buen entendimiento con la Naturaleza...

Una gran ternura le invadió y lo adoptó en su corazón; y se dejó cautivar por él... El aviador —sediento— le habla, pero el fenec no le responde: está "muerto de miedo" por aquella gigantesca presencia inesperada del hombre. El aviador mantiene con él un silente soliloquio que fue como una escena muy emotiva. Observando su quehacer pensaba: "Mi pequeño zorro, estoy harto, pero es curioso, esto no me impide interesarme por ti".

Saint-Exupéry toma consciencia de la importancia que reviste guardar un equilibrio con el entorno natural... Por ello lo admiraba y respetaba Saint-Exupéry, porque fue el zorro quien le obligó a reflexionar sobre el sentido del equilibrio que hay que tener en todas las cosas...

Cuando el zorro del cuento fue a socorrer al principito –que se había quedado tumbado en la hierba desconsolado– llorando porque únicamente tenía una sola flor que ya no le pareció "única en el mundo", a raíz de su primera visita a un jardín florido con cinco mil rosas. Pero no era así; el zorro le hizo comprender que estaba en un error, que no es el número de ellas lo que hace a uno ser rico sino el tiempo que se dedica a las cosas hace que éstas sean únicas...

Esta prosopopeya es una figura retórica simbolizante; en ella presta al zorro toda la inteligencia y la facultad de razonar y de enseñar al principito el significado de "cautivar". El altruismo trae consigo la creación de vínculos afectivos. Esta es una de las razones por las que el principito se evade de su planeta: para buscar amigos e instruirse. Al menos eso es lo que responde el principito en su primer encuentro con el zorro, que el principito "ha venido a la Tierra en busca de los hombres... en busca de amigos y para aprender". Pero éstos solamente pueden serlo si con ellos se crean lazos cordiales. El principito, en su inocencia, desconocía esa condición.

De entre los seres vivos que existen, únicamente las personas tienen amigos. De éstos se guarda siempre un lugar privilegiado en nuestros corazones. Pero la amistad no se da de un modo espontáneo, tampoco se hereda; la amistad uno ha de labrársela en base a paciencia y don de sí. Los amigos de la infancia basan su amistad en intereses recíprocos: es un toma y dame, un ten con ten. Los niños comparten juegos si encuentran en los otros niños afinidades; la amistad entre adolescentes inmaduros aún se basa en confidencias y pequeños secretos (sexualidad, fantasías y aventuras cándidas); mientras que la amistad entre adultos, a veces, son prolongación de la juventud y en otras ocasiones la producen el intercambio paciente de gestos y detalles que van tejiendo una red. Se cultivan emociones y se intercambian; el resultado es una serie de satisfacciones que nos ayudan a vivir mejor. Es pura filantropía, es sentirse bien con el amigo escogido y otorgarle nuestros mejores sentimientos… Luc Estang completa ese sentimiento diciendo: "Toda la humanidad entra así en la red inmensa de las relaciones humanas". En Saint-Exupéry no se trata de "una filantropía descarnada sino del reconocimiento en cada hombre".

Su recuerdo perdurará incluso cuando se haya marchado para siempre. El amigo es la mejor construcción que haya hecho el hombre después de haberse construido a sí mismo. La amistad basada en ese intercambio afectivo que producen las cosas de valor que no tienen precio, pero que se valoran porque están llenas de muchos gratos momentos de nuestras vidas. Al amigo se le encuentra siempre en momentos de gozo y alegría aunque también en aquellos de penas y sufrimientos; aquí consuela la cálida amistad que está llena de pequeñas cosas (palabras de aliento, refugio en caso necesario, compañía, complicidad y generosidad). El amigo llena algunos vacíos imposibles de colmar sin su afecto. El hombre lo es porque como dice el latino: "Amicitia appetere", porque le apetecen las buenas relaciones de ramistad; las necesita por amor, benevolencia, cariño y confianza recíproca. La amistad es una necesidad, una apertura del alma hacia el otro. Es tan hermoso ese sentimiento que el autor nos lo transmite para que reparemos en él y lo apliquemos… A veces los lazos de afecto entre amigos son más fuertes que los de la sangre.

Hay amigos que sólo son para dar compañía, pero los hay más afectos que un hermano. (Pr: 18; 24).

Nada nos sorprende que, en el cuento, el principito fuese cautivado por un zorro, por un consejero que será su único amigo en la Tierra... La metáfora del campo de trigo y de los cabellos de oro del principito es excelente. El principito repetiría una y otra vez sus consejos "con el fin de no olvidarlos". Y los asoció al del áspid. Con ellos aprendió cosas esenciales. Adquirió el caudal de conocimientos que se llevaría como equipaje para su viaje de retorno a su planeta, atravesando el espacio infinito pleno de estrellas que saben sonreír y cantar...

El aviador nunca dejó de ser niño: es el hombrecito del cuento. De modo que no es por casualidad que dedicase el cuento a su querido amigo, Léon Werth.

Se acuerda: "de una casa de su infancia, quedó vívida en el recuerdo de un amigo, de quien no se sabe nada, solamente que está ahí". (C.S.).

No se puede amar a todos los hombres globalmente, pero sí con quienes hemos establecido lazos afectivos, ese movimiento del alma solamente lo suelen tener los humanos. Al amigo se le acepta sin condiciones; hay que aceptarlo como es, y no juzgarlo. La amistad es un punto de encuentro entre dos almas.

J. B: Bergua, hablando de Pitágoras, afirma: "Pero como él lo ha dicho, antes que nadie: Solamente el espíritu ve y comprende, y fuera de él, todo en el hombre, es sordo y ciego". Los pitagóricos tenían un lato y muy elevado concepto de la amistad. Para ellos, nos es un simple afecto: es un bien espiritual que debemos ofrecer siempre a las personas de bien. Al sabio de Samos se le atribuye una de las más bellas palabras: Filantropía. En ella basaban el significante y los significados que encerraba su doctrina expresada en "Los Versos de Oro", tan iguales a las Tablas de la Ley de la Torá: "Amor a la Divinidad, sentimientos de afabilidad y de amor al prójimo, etc.". La amistad es más importante que la consanguinidad... El amigo se escoge, el hermano se nos impone. Y la elección es el primer movimiento hacia la libertad. Al amigo hay que cuidarlo como a un bien precioso. Altruista es la persona que considera a sus semejantes como a su *alter ego*, "su otro yo". La amistad es un lazo anudado que nos une al otro; por esa razón la amistad y el amor quedan como las únicas características que fundamentan a *El Principito*. En toda relación humana debe prevalecer el reconocimiento que debemos al otro. Esto lo plasma bien Saint-Exupéry cuando el beduino libio le ayuda, lo salva de una muerte cierta. Aquel hombre desconocido que le prestó socorro representaba para él a la Humanidad. En efecto, en "Tierra de los hombres", el aviador salvado por el nómada, para sus adentros, dice: "Tú eres el hombre y te presentas ante mí con la cara de los otros. Nunca nos hemos visto antes y tú nos has reconocido ya. Tú eres el hermano preferido. Y por mi parte, te reconoceré en todos los hombres. Unidos a nuestros hermanos por un fin común que está fuera de nosotros. Es entonces cuando respiramos y la experiencia nos enseña que amar no es solamente mirarnos el uno al otro, sino mirar juntos en la misma dirección". (C.D.).

Apertura generosa hacia todos los seres humanos. Y, provisto con esa firmeza, desea llevar a buen fin la más grande de sus aspiraciones: Construir al hombre.

Montaigne definió a la amistad como "El último extremo de la perfección entre las relaciones que ligan a los hombres". La perfección, como tal, no existe: debemos construirla nosotros mismos. "Nada es perfecto" dice el zorro al saber que en el planeta del principito no hay cazadores ni gallinas… Por su lado, Voltaire tenía por costumbre decir: "¡Cambiad de voluptuosidad, pero no cambiéis a un amigo!". El principito, como queda dicho, en sus desplazamientos interplanetarios, tiene dos objetivos: "Buscar amigos y aprender". Cultivar la amistad es el mejor modo de darnos al otro. Construyéndola se aprende algo muy importante: socializar. La amistad procura seguridad; en caso de adversidad nos reafirma en nuestras condiciones, y también nos permite ayudar al amigo sufriente. Ese consuelo es un a acto de amor fraterno; mientras que el egoísmo nos aleja del prójimo. El principito, sentado frente al zorro, lo consideraba de modo circunspecto. De pronto surgió la chispa. Y se dispuso a comprender la lección recibida, respecto de la amistad: "Hay que ser muy paciente [...]. Los hombres no lo son y no tienen tiempo de conocerse… Los hombres compran cosas ya hechas… Y, como no hay mercaderes de amigos, los hombres no tienen amigos".

(De nuevo surge la soledad humana).

Este *leitmotiv* se repetirá sin cesar en toda la obra de Saint-Exupéry, para que el lector atento no lo olvide. Recuérdese la soledad en que están sumidos el rey y el resto de los personajes... Este problema se constata ya al principio el cuento, cuando el autor nos dice: "Así, he vivido solo sin nadie con quien hablar verdaderamente".

Saint-Exupéry, a pesar de sus colegas y amiguitas debió sentirse muy solo en su juventud. También se hallaba solo en las ciudades donde no los tenía... Lo que más le gustaba era volar de noche en compañía de las estrellas; con ello rememoraba sus sueños de viajes de cuando era niño... La amistad no se pide, se gana con paciencia.

Es muy probable que en las escuelas católicas que frecuentó no tuviese un solo amigo. Las escuelas católicas a las que asistió Saint-Exupéry le desagradaban profundamente... Aborrecía su falsa moral y los ritos y liturgias que en ellas se practica. No se sentía cristiano. "Era un místico sin fe", como lo llama Luc Estang. No es ateo, pero sí espiritualista. No creía en el Dios vivo de los devotos...

> *A Dios, yo jamás lo toqué, porque un dios que se deja tocar ya no es más un dios. Solamente empieza el amor donde no se esperan favores...* (C.D.).

(Alusión directa y sin ambages al catolicismo).

> *Durante siglos mi civilización ha contemplado a Dios a través de los hombres. El hombre era creado a imagen de Dios. Se respetaba a Dios en el hombre. Los hombres eran hermanos en Dios. Las relaciones del hombre con Dios fundaban de modo evidente los deberes de cada uno respecto a sí mismo y al prójima.* (P.G.).

Saint-Exupéry si no despreciaba, por lo menos no aceptó la cristiandad histórica. Por otro lado, es un pacifista activo. Odia la guerra y critica sin rodeos trabajos estériles como los armamentos... En el momento actual no hay ni un solo país del mundo que no esté armado hasta lo absurdo. Véase el África Negra: tribus con millones de personas hambrientas, enfermas y sin futuro. "No critica el capitalismo; fundamenta una moral y una escala de valores que ahoga la espiritualidad que pretende defender". (Luc Estang). Saint-Exupéry empleaba a menudo, en sus escritos, la palabra "Amor".

El amor del principito por su Rosa también respondía a sus necesidades vitales, que estaban escondidas en su subconsciente. La Rosa no es, en el estricto sentido de la palabra un símbolo, pero personificaba a una mujer y el amor que el principito sentía por ella. Era, al tiempo que platónico un amor sensorial. Pero, aún no siendo un símbolo propiamente dicho, esa metáfora de la flor tiene un indudable significado simbólico. Entre ambos se crearon, sin saberlo, lazos afectivos, que les duraría de por siempre, toda la vida.

El Geógrafo había dicho al principito "que las flores son efímeras [...], y que la suya está amenazaba de desaparecer próximamente". Pero el zorro lo desmintió, asegurando al principito que ella vivirá siempre en su corazón. Fue entonces cuando el principito tomó consciencia de la importancia que tiene ser cautivado. Su amor por ella era una preciosa garantía de continuidad.

En toda su obra se ocupará del hombre; únicamente le interesa el comportamiento humano. Y con firmeza desea llevar a buen fin su máxima aspiración: "Construir al hombre". El hombre se construye por su contacto con la humanidad, mediante la palabra y el ejemplo positivo. Por boca del principito, Saint-Exupéry anima a los hombres a buscarse cada uno dentro de su la razón de ser y el conocimiento de las cosas que le ha de servir para realizarse. Tiene los materiales, sólo le falta el acopio de lazos afectivos que ha de reunir de los otros con el fin de llegar a la plenitud del ser. Ése debería constituir la inclinación del deseo de encontrar verdades incontrovertibles.

El principal problema que hay en el mundo es: "Dar de nuevo a los hombres una significación espiritual". (C.D.).

Ese es su mensaje en *El Principito.* El misántropo, el perezoso, el incrédulo, el ufano, el presuntuoso, el materialista se reirán alzando los hombros como diciendo: ¡Y a mí qué! Ninguno de ellos es consciente de que ha errado el camino, que el suyo no lleva a ninguna parte. Nunca han respirado una flor...

Cuando el principito sugiere al piloto buscar un pozo le dice:

—Está muy bien haber tenido un amigo, incluso si se va a morir de sed. (P.P.).

Cultivar la amistad es el mejor modo de darnos al "otro"; es quizá lo mejor que pueda satisfacer al alma; con el cultivo de la amistad se adiestra la costumbre más bella y socializadora; la amistad procura fuerza y valor: fuerza para en caso de adversidad; también nos afirma y nos capacita para dar ánimos y algo más. Al amar podemos consolar al amigo doliente... Al constatar el dolor del aviador por su próxima marcha, el principito le consuela y le anima diciéndole:

–No debiste venir, sufrirás. Parecerá que he muerto y no será verdad...

El aviador se tranquilizó cuando descubrió el verdadero sentido de la amistad y se dijo para sus adentros: "Cuando uno se deja cautivar corre el riesgo de tener que llorar un poco". (P.P.).

La amistad hace que la otra persona, sea para uno diferente a los demás; es la mejor forma de entregarnos y esa entrega satisface al alma. El ser humano tiene la absoluta necesidad de tener amigos y por ende de amar; de modo inconsciente busca un motivo para tenerlos, aunque parezca nimio este detalle no lo es, porque a poco que reflexionemos constatamos que así los hallamos. Todos los humanos, por el hecho de serlo, necesitan del calor que procura la amistad. No es un calor abrasador sino acariciante, es el mismo que nos procura el fuego sutil de una chimenea encendida cuando, por causa del frío, nos sentamos frente a ella para reconfortarnos con su calidez, no sólo el cuerpo sino también el espíritu.

Gracias a los viajes que hacía, al encuentro con otros hombres, Saint-Exupéry descubrió que pertenecemos a la misma comunidad aunque sólo sea gracias a una sonrisa. Lo compara con el prisionero liberado que se maravilla de la inmensidad del mar... Eso le dio una visión más amplia del tesoro que puede encerrar en su pecho el hombre que se convierte en amigo. No tiene por menos que admirar el amor que siente el principito hacia una flor o un zorro, incluso por un áspid, pero sin duda prevalece el hombre aunque la panoplia que de ellos nos muestra deje mucho que desear. Para el autor la inteligencia es la única que satisface totalmente al ser humano y que lo deferencia del resto de la creación. De ahí, que toda su vida espiritual estuviese rebosante de humanismo. Por esa razón se inclinó en busca de relaciones humanas y en encontrar un amigo en cada hombre.

El sentimiento amistoso aleja al hombre del egoísmo; con él se cultivan con firmeza los lazos cordiales que nos procura el amigo, que es el mejor y más seguro modo de hacerse amar pero sin amarse demasiado uno a sí mismo. En suma es un amor compartido. Está claro que "la mejor manera para tener un amigo es serlo". El afecto es un acto noble de la voluntad del ser humano, se ama de modo consciente porque se lo considera bueno también para uno mismo. Todo acto amistoso actúa como un bumerang que lanzamos y vuelve a su origen; el cariño siempre vuelve a nosotros bajo uno u otro modo. En definitiva amar consiste en ser franco y abierto, sin fisuras, sin recelos; es dar, regalar, ofrecerse a aquel que necesitamos y que nos necesita —aunque no lo sepa—; amar es un verbo que se conjuga sin esperar alguna recompensa. No es el "Hoy por ti y mañana por mí", como dice el refranero popular. No se busca reciprocidad porque entonces no sería amar, sería algo distinto. La respuesta del "Otro" la tenemos cuando el receptor de nuestra amistad se siente feliz con ella y lo descubriremos en sus actos más sutiles. No todo el mundo demuestra del mismo modo sus afectos, aunque sí descubriremos en ellos su don de sí, su altruismo. En todo lo apuntado más arriba se fundamente el altruismo… En eso consiste "cautivar". Eso es lo que su amigo el zorro hace ver y comprender al principito. Entre ambos se miraron atentamente hasta que afloró el mutuo entendimiento.…

El rey deseaba a un sujeto sólo por interés. *El Principito* nos descubre también la soledad del autor. Tiene mucha necesidad de un amigo a quien confiar sus cosas, con quien compartirlas… La amistad no se mendiga, se gana con paciencia, como le había dicho el zorro; es una labor de hormigas, se necesitan una buena dosis de comprensión, tolerancia y tiempo. Tenía pocos amigos pero le importaban mucho. Necesitaba amar y ser amado…

Por consejo del zorro el principito volvió a visitar el jardín y entonces pudo constatar que, a pesar de ser bellas las rosas que allí había reunidas, ya todas le parecían que estaban vacías, que carecían de afecto porque nadie se ocupó de ellas. Sin embargo para el principito su rosa ya era única en el mundo; las de aquel jardín no significarían nada para él… Agradecido volvió a visitar por última vez al zorro y éste le hizo un nuevo regalo muy simple en apariencia:

—No se ve bien sino con el corazón. Lo esencial es invisible para los ojos… Es el tiempo que has perdido con tu rosa lo que la hace tan importante.

—El principito se lo repitió así mismo para no olvidarlo.

A partir de entonces el principito comprendió lo que era hacerse una escala de valores para situar a cada cual en el lugar que le corresponde respecto de él, de su amistad... Dicha escala establece el orden de preferencia que han de tener todas las cosas con las que nos encontramos. Para ello, se han creado los ritos que hacen que, con diferencia, nos sintamos cada vez más cercanos al amigo.

Gracias al zorro y a la rosa podemos colegir que ambos son los mejores exponentes simbólicos de la amistad y del amor. Los dos hicieron que el principito comprendiera lo que encierra la palabra "cautivar". Las relaciones afectivas crean obligaciones, es decir responsabilidades. El principito lo aprendió muy bien cuando le recuerda al piloto que no olvide de dibujarle un bozal.

–¿Sabes?... un bozal para mi cordero... ¡Yo soy responsable de mi flor! (P.P.)

Al aviador se le encogió el corazón al pensar lo grave que era dejar sin bozal al cordero. Y es que cuando se crean nexos afectivos, cuando se ha cautivado a alguien, uno se hace responsable para siempre de él. El principito se hizo amigo del zorro y ya éste sería para él único en el mundo...

Un aforismo latino dice que "La pérdida de un amigo es la mayor que nos puede acontecer". Saint-Exupéry, refiriéndose de nuevo a la amistad insiste en que en las relaciones humanas "reside la verdad". Su amor a la humanidad lo lleva a respetarla y dice: "¡Respeto al hombre! Si el respeto se instala en el corazón de los hombres, los hombres consecuentemente, terminarán por crear el sistema social, político, económico que consagre tal respeto". (L.O.).

Para él la amistad es primordial e incluso necesaria.

XVI

El guardagujas

La oscuridad nos envuelve a todos,
pero mientras el sabio tropieza en
alguna pared, el ignorante permanece
tranquilo en el centro de la estancia.
(Anatole France)

En el capítulo del cuento referente a la charla coloquial que tuvo el principito con el guardagujas encargado de triar los trenes llenos de pasajeros "por paquetes de mil" y "envía a los trenes que los llevan unas veces a la derecha y otras hacia la izquierda", el Guardagujas cumplimentaba con el reglamento que le dieron como consigna. Al principito le parece que los viajeros tienen prisa dado a la velocidad a la que van los trenes. Pero nadie sabe el por qué de tanta urgencia… El Guardagujas, como el Farolero, solía decir siempre: "¡Es la consigna!"

Ambos cumplen con su papel, con el reglamento, a rajatabla; para ello es como un rito, aunque parezca absurdo pero que se debe cumplimentar porque esa es su razón de ser. No tienen por qué ni tratan de cambiar; es así... y nada les convencerá para que cambien. Quizá esa vida les proporciona pequeñas felicidades individuales que los demás no sienten. La felicidad individual no se divide ni se comparte. Daba igual, la consigna es la consigna. Es la viva representación de una vida sin horizonte, de los hombres carentes de voluntad. El principito no podía creer que esos hombres pudiesen ser felices ni hacerlos a los demás. Sus vidas son monótonas y grises. Nunca nadie les regaló una sonrisa; nunca fueron amados ni habían conocido el valor de una amistad. Se sentían profundamente solos. Ignoraban todo lo positivo de una vida plena. Jamás tuvieron el placer de una dulce conversación con alguien, ni tan siquiera consigo mismos. No han conocido la ternura, sólo los pesares... Sus almas padecen de un mal moral. No tienen otra vida que la del oficio o el vicio que mantienen y a los que están acostumbrados. Son todo lo contrario que Saint-Exupéry; éste detesta la monotonía, lo repetitivo.

El principito nunca se contenta con una respuesta escueta y su curiosidad le impele a seguir preguntando. Cuando se encuentra con el guardagujas le saluda y le pregunta y quiere saber qué es lo que hace en ese lugar. Y sigue inquiriendo al ver pasar un tren rápido lleno de pasajeros:

–Están muy apresurados. ¿Qué buscan?

–El maquinista lo ignora, dice el guardagujas mientras que otro tren cruza en sentido opuesto...

–¿Vuelven ya?

–No son los mismos. Es un intercambio.

–¿No estaban contentos allí donde estaban?

–Jamás está uno contento allí donde está.

–¿Persiguen a los primeros pasajeros?

–No persiguen nada; duermen ahí dentro o bostezan.

–Sólo los niños pegan sus narices contra las ventanas. Sólo los niños saben lo que buscan. Gastan tiempo por una muñeca de trapo, que les es muy importante, y cuando se la quitan lloran.

–Tienen suerte, dice el guardagujas.

Saint-Exupéry nos muestra esos personajes atolondrados y extraños, que forman parte de la mayoría de los adultos y la compara con el candor de los niños, que, con sus naricitas pegadas a los cristales de las ventanas gozan de los campos, de las casas de las ciudades que atraviesan los trenes... Pero retienen poco de todo ello porque viajan y esos paisajes campestres o urbanos serán simplemente recuerdos efímeros para ellos.

Si he reproducido tan largo coloquio es porque Saint-Exupéry insiste una vez más en que no es vana la comparación que hace entre las personas adultas que le resultan casquivanas y extrañas... y los niños.

Esta es una metáfora que simbólicamente representa a las personas de vida corriente que no muestran ningún interés por algo diferente a lo que acostumbran a hacer. Las personas sin deseos de mejorar sus vidas, sin afición a las cosas espirituales que les proporcionarían el arte (música, pintura, poesía y literatura en general) o alguna manualidad o afición. Por ello sus monótonos y aburridos modos de vivir los empujan a la indolencia y en ocasiones al juego..., que los arruina no sólo económicamente. (La ludopatía es una enfermedad como lo es el alcoholismo). Todos los personajes que han desfilado por las páginas del cuento forman parte de una condición singular muy extendida del comportamiento de muchos individuos: soledad, egoísmo, falta de solidaridad...Y ello a pesar de que los humanos son seres gregarios (en las dos acepciones de esta voz: estar en compañía de sus semejantes y los que aplican las ideas y órdenes de sus "superiores", funcionarios, militares, etc.), pero también como seres sociables que solo buscan la asociación ineludible con los que les son afines, porque el hombre no puede vivir alejado de sus semejantes. El ser humano, al igual que todos los mamíferos necesita para su normal desarrollo y convivencia de un aprendizaje que le permita desarrollar sus posibilidades, de lo contrario puede llegar a morir.

Esta metáfora del guardagujas o de los viajantes de vacaciones cortas, nos ilustra sobre la ignorancia en que viven la mayoría de los hombres; sobre sus comportamientos frívolos y sus tedios. Casi todos ellos viven o se dejan vivir tranquilos, es decir sin otra preocupación que ellos mismos. Viven sin saber que no saben. Y no les preocupa lo más mínimo. Pero como están solos se aburren; se aburren de su hastío propio, de su aburrimiento... y cuando ya no pueden más buscan una salida evadiéndose, para justificarse, con cualquier motivo. Se desplazan, viajan de un lugar a otro y no consiguen nada porque no saben buscar algo que podrían tener cerca... Los embotellamientos en las carreteras debido al desplazamiento de millones de personas cada fin de semana muestra que esos tipos de personas aprovechan cualquier tiempo libre para matarlo huyendo, para alejarse de una aburrida cotidianeidad, que es la que produce el trabajo que realizan y que –de un modo generalizado– no les gusta hacer. Durante los períodos vacacionales bastante largos, se produce un fenómeno muy extendido: suelen acaecer más separaciones y divorcios que en el resto del año. Al parecer ello es debido a que como pasan muchas horas separados por mor de sus trabajos, cuando al fin pueden reunirse no se soportan. Ello demuestra la soledad en que viven las parejas cuando los dos trabajan fuera del hogar y comparten muy poco tiempo en común. El afán de ganar más dinero para gastarlo en muchas cosas inútiles los convierten en compradores compulsivos… Que muchas veces no compran por necesidad. La vida moderna de occidente solamente ha conseguido desestructurar muchos hogares.

Si el Guardagujas no sabe nada sobre los viajeros que a diario, por miles reparte, tampoco el principito se hace una idea concreta de esa situación, porque no le interesa en absoluto y consecuentemente no quiera saber más.

Saint-Exupéry busca siempre en el campo semántico tipos que se prodigan en la Tierra. Saint-Exupéry tomó la profesión de aviador con miras a un futuro pletórico de viajes que le permitirían conocer otros mundos sobre la Tierra, a otras personas y a experiencias que darían un séntido positivo a su vida. También él, viajaría para "Conocer y tener amigos". (P.P.).

XVII

El comerciante

> *Cualquiera que luche sólo con la*
> *esperanza de los bienes materiales,*
> *no recogerá desde luego nada*
> *por lo que valga la pena vivir.*
> (A. de Saint-Exupéry)

Después de haber compartido una breve charla con el Guardagujas, el principito entró en un comercio donde se venden "píldoras muy perfeccionadas que pretenden calmar la sed. Se toma una por semana y ya no se tiene necesidad de beber durante siete días", le dijo el comerciante.

Con la curiosidad insaciable que caracteriza al principito, éste preguntó al vendedor:

–¿Por qué vendes eso?

—Es una gran economía de tiempo (...). Se ahorran cincuenta y tres minutos por semana, le respondió el comerciante.

—¿Qué se puede hacer con esos cincuenta y tres minutos?, insistió el principito.

—Se puede hacer lo que se quiera, le dijo el del comercio todo ufano él.

—Si yo tuviese cincuenta y tres minutos libres me dirigiría tranquilamente hacia una fuente, le respondió el principito.

El comerciante estaba tan vacío como los otros personajes; tampoco él tenía nada más bueno que ofrecer. El tendero tenía un solo interés: vender... Ganar dinero; lo demás no le importaba nada... El comerciante de píldoras no hizo el menor esfuerzo por comprender la respuesta del principito, y éste, al comprobar la condición economicista del vendedor de cosas, lo abandonó sin tan siquiera formular un pensamiento sobre su interesada y poco interesante ocupación...

En el desierto "El agua vale tanto como su peso en oro" (T.H.). El agua es la vida..., unas cuantas gotas harán crecer una brizna de hierba... El aviador nunca se creyó prisionero de las fuentes como lo son los camelleros y sus recuas. El agua no es que sea indispensable a la vida, ¡el agua es la vida! Con esta metáfora, Saint-Exupéry nos da a entender la inutilidad de apresurarse en la vida sin un fin o una razón que valga la pena. Es el caso típico del vago que hace cualquier cosa por no hacer nada...

XVIII

Buscar y encontrar

¡Eureka! (Lo encontré.)
(Arquimedes)

La primera evidencia no es
una verdad fundamental.
(G. Bachelard)

Desde muy pronto Saint-Exupéry supo lo importante que es para el hombre el conocimiento. Aquel que busca algo es porque cree que ese algo existe. Buscar es mirar por muchos sitios; es también pensar, meditar largamente sobre algo que está ahí, en algún lugar recóndito de nuestro ser. Es indagar, inquirir, preguntar o preguntarse. Eso es precisamente lo que hace el principito cuando no comprendía o no sabía algo de su interés. Y si la respuesta que le daban no le sacaba de la duda, no lo convencía, no cesaba en seguir preguntando hasta obtener satisfacción. Y una vez satisfecha su curiosidad meditaba muy bien lo que le respondían y con el fin de no olvidarlo se lo repetía para sí...

Conocer no es desmontar ni explicar. Es alcanzar la visión. Pero para ver conviene primero participar. (P.G.).

La persona humana se realiza por lo que hace, por la experiencia adquirida con la que se construye a sí mismo. En la incesante búsqueda sólo hay un fin: el Conocimiento. De ese modo cumple bien con el precepto grabado en el frontón del templo de Atenea: "Conócete a ti mismo y conocerás el secreto de los dioses y de los hombres". Esto necesita de un gran esfuerzo de introspección cuyo resultado final ha de ser conocer al otro, puesto que el otro es un "yo mismo"... y conociéndose a sí mismo conocerá a los demás hombres.

Un niño de hoy es capaz de aprender en muy poco tiempo lo que la humanidad ha tardado miles de años en saber y hacer. Sin embargo aún en la actualidad existen tribus primitivas incapaces de sobrepasar la cifra diez en sus cuentas... Hasta bien entrado el siglo XVII, los europeos necesitaban mucho tiempo para realizar una simple operación aritmética. (La multiplicación y la división presentaban grandes dificultades para ser bien comprendidas.). Por otro lado se sabe que algunos descubrimientos han sido hallados simultáneamente en lugares muy apartados unos de otros. La civilización no es sino "un nudo de relaciones" que encadenan a las cosas. Pero: "La civilización procede del hombre, únicamente de él. El acto civilizador tiende a alejar al hombre cada vez más de la animalidad...." *(P.G.).*

El principito es un ser tan prudente que no solía contestar a las preguntas que le hacía el piloto, probablemente porque todavía no estaba muy seguro de dar una respuesta convincente. Sí es cierto que –de modo indirecto– respondía afirmando, como fue el caso cuando le dijo al aviador:

–¿Cómo? ¡Tú has caído del cielo!
–¿Vienes pues de otro planeta?
Pero al ver a aquella máquina fea, el avión, le dijo:
–Es verdad, que ahí encima, tú no puedes venir de bien lejos.

El principito le confió que venía a la Tierra a aprender y buscar amigos... Y a conocer bien las cosas. Pero el piloto no le prestó suficiente atención; estaba muy ocupado tratando de reparar una avería en su avión y no podía comprender que el hombrecito tuviese ciertos problemas, sobre todo después de haberle dibujado un cordero... Así, el piloto irritado por tantas preguntas le respondió cualquier cosa a nuevas preguntas...

El principito tenía las ideas muy claras de lo que iba buscando cuando viajaba de planeta en planeta. Solamente respondió de modo directo cuando el áspid le preguntó la razón de su venida a la Tierra. El principito se sorprendió cuando al hablarle de su planeta la serpiente le dijo: Es bonito. Y de inmediato le preguntó:

–¿Qué vienes a hacer aquí?... ¿Qué buscas?

El principito le respondió sin titubear:

−Tengo dificultades con una flor...
−¡Ah! dijo la serpiente.

También contestó sin titubear al zorro que él venía a la Tierra para buscar a los hombres. Tenía que descubrir amigos y conocer muchas cosas... Además le hizo comprender −y esto es muy importante− que sus deseos por saber no tenía límites, sobre todo cuando se trataba de problemas esenciales para él. Problemas que la vida le iba presentando. Nótese que Saint-Exupéry concibe el universo como un todo del que plenamente participa (los astros, las estrellas, el agua, los animales, las plantas, los hombres...). Con todo ello va adquiriendo el conocimiento, con un fin bien determinado: el amor, que ha de unirlo a todo. Suele hablar por boca de sus personajes, animados o no; y debido a su modestia no se expresa por boca propia sino que va desgranando lo que hay acumulado en su subconsciente dirigiéndose a sus lectores con ese modo de inquirir para dar a conocer su íntimo sentir. Esto también lo hemos visto en el resto de su obra... Incita a la búsqueda para conocer. Es autócrata de sí mismo y quiere que los demás también lo sean. No cree en las inclinaciones naturales, el hombre no es una planta, ni un animal: es un ser que ha de organizar su vida. En eso consiste su "buscar para saber". Lo mismo que el principito descubre ser responsable de su flor, el hombre es responsable de sí mismo: consecuentemente no debe reprochar a nadie su destino, porque éste se lo ha de forjar él construyéndose de dentro hacia fuera.

A Saint-Exupéry le gusta mucho la imagen del árbol, seguramente influido por la alegoría del Árbol de la Ciencia, en el paraíso. Necesita tener los pies en el suelo y la cabeza en el cielo. El hombre debe madurar como el árbol –lentamente– hasta alcanzar su plenitud. Después ofrecerá sus frutos, su sombra o su madera para con ello construir... Se construye un hombre como se construye un árbol: enderezándolo, guiándolo para que devenga bello a los ojos de los demás. Construir, sí construir, he ahí la expresión sobre la que reposa la idea, la teoría de Saint-Exupéry. El árbol será la metáfora del niño pequeño.

El principito no es un niño cualquiera, es el aviador de pequeño; es el niño que cualquier adulto sensible y responsable lleva dentro. El hombrecito es un ser con capacidad para sorprenderse y que se conmueve con facilidad. Se rinde ante la belleza, ante el amor. Es un personaje intuitivo, de mirada limpia y penetrante; de una lógica madura y con gran capacidad para adentrarse en los arcanos, para percibir lo que ocultan: aquello que es "invisible para los ojos".

En torno al principito gira todo el cuento; todos los sucesos que nos relata el aviador, o sea él mismo. Ese afán de aprender, de buscar, le ha permitido en un corto espacio de tiempo que fue su breve vida, encontrar lo que con asiduidad buscaba y nos lo muestra de un modo simple pero muy juicioso. Y en verdad que con lo que aprendió se pudo hacer una "Escala de Valores" que no sólo le servirá a él sino que también nos será útil a todos.

La historia nos cuenta el hallazgo que hizo el sabio Arquímedes cuando descubrió el velo que cubría un problema que se planteó. Y fue que cuando encontró la solución al problema que le obsesionaba y con ella sentó las bases de la hidrostática, salió del baño desnudo y se fue gritando por las calles de Siracusa: ¡Eureka!... ¡Eureka! (¡Lo encontré!).

He empleado adrede esa metáfora para intentar explicar el simbolismo que representa el interés mostrado por el principito para hallar respuestas a sus preguntas, que en realidad son las mismas que se hacía el narrador, el aviador. Antoine de Saint-Exupéry procede del mismo modo que los autores del teatro clásico griego que hablaban por medio de los actores que ocultaban su rostro detrás de una careta para interpretar los papeles asignados a los personajes. Estas figuras encarnaban en su persona al autor disfrazado. Así el áspid, la flor, el zorro... podían exponer su mensaje en sus declamaciones y sentencias. Ese modo de utilizar a sus personajes le evitaba tener que aparecer como moralista. Los personajes reflejaban al autor y éste quedaba escondido entre bambalinas. Nuevamente vemos en esas metáforas el juicio que se merecía cada acción juzgada con perspicacia que, por modestia de sabio, hablaba por boca de terceros... En el fondo esto es un soliloquio.

En definitiva creo que eso es lo que el autor nos quiere mostrar en El Principito. El símil comparativo que he hecho servirá como colofón del escudriñador, del que inquiere y pregunta por conocer, por descubrir el sentido de la vida. Es válido, creo, también para aquel de entre los hombres que desee buscar en esos ejemplos su razón de ser.

XIX

Ver y entender

En este mundo traidor,
nada es verdad ni mentira,
todo es según el color
del cristal con el que se mira.
(R .de Campoamor)

Estamos tan acostumbrados a ver que nos cuesta mucho trabajo darnos cuenta de los problemas que ello implica; la realidad es que nuestros ojos reciben una imagen pequeña, invertida, deformada y sin embargo cada uno de nosotros ve objetos consistentes en el entorno que nos rodea. Percibimos el mundo de los objetos reales que para nada son milagrosos. El ojo no es como una cámara porque las diferencias entre el ojo y la cámara son muy importantes. El ojo y el cerebro funcionan de modo totalmente diferentes a una cámara (cinematográfica, fotográfica o de televisión) porque éstas se limitan a grabar en imágenes los objetos. Los ojos no producen imágenes en el cerebro; una figura en el cerebro sugiere la presencia de una especie de ojo interno para ser vista, sin embargo esto exigiría otro ojo para ver esa imagen. Pero es absurdo porque la misión del ojo es enviar al cerebro una información codificada y la actividad cerebral es la que provoca la representación de los objetos vistos. Veamos una analogía para comprender mejor: las letras y las palabras escritas tienen un significado para quienes las entiendan; estimulan el cerebro del lector pero no son figuras. La mirada que se produce representa el objeto y para el cerebro eso es el objeto; de manera que no hay en modo alguno una imagen interna. Tenemos tendencia a transformar los datos sensoriales en objetos.

Un niño que dibuja un objeto necesita solamente unas pocas líneas para mostrarnos una cosa (persona, árbol, coche, casa, etc.) con unos pocos trazos y el cerebro hace el resto. La mirada no se limita a la simple visión sino que nos hace comprender también otros sentidos ocultos como pueden ser el tacto, el gusto, el olfato y el oído e incluso la temperatura, el dolor y el placer. Al parecer la percepción es algo más que los datos recibidos directamente de los sentidos. Un objeto percibido es una hipótesis sugerida sobre lo que vemos con los datos sensoriales. El pensamiento y la percepción no son independientes. Esta breve incursión a la Ciencia es sólo para intentar demostrar la doble "visión" que se tiene sobre las cosas. Una es la visión directa u objetiva y la otra es subjetiva. La primera parece ser que es común a todos los videntes y la segunda "visión" es la que interpretamos simbólicamente. Por ello, un mismo objeto puede parecer distinto según el observador. En efecto: "Nada es verdad ni mentira...".

En el capítulo II de *El Principito,* el aviador accediendo a la insistente petición del principito para que le dibujase un cordero, quedó estupefacto, pero "cuando el misterio es muy impresionante, no se osa desobedecer", pensó. Saint-Exupéry nos da ya una primera clave del cordero encerrado en la caja. El aviador se dijo: "Y sacando mi cordero de su bolsillo, se zambulló en la contemplación de su tesoro". Aquí, de nuevo se repite la "visión" interna de la Boa y el sombrero. El principito sabía "ver" un cordero dentro de una caja. El hombrecito no quedó muy tranquilo con el cordero alojado en la caja ante el temor que pudiera escaparse y comerse su flor que, bajo ningún concepto, quería perderla. Y ante ese miedo, el piloto le dijo:

–La flor que tú amas no está en peligro...Yo le dibujaré un bozal a tu cordero...Yo te dibujaré una armadura para tu flor. (P.P.).

El principito no necesitaba una armadura para proteger a su flor, por que él la cuidará y la defenderá con amor. El aviador se sintió muy torpe.

No sabía cómo alcanzarlo (...) ¡es tan misterioso el país de las lágrimas! (P.P.).

Este es un paradigma, una metáfora simbólica del sentimiento hacia el ser amado, al que por nada del mundo se quiere perder. La palabra entender significa "tender hacia algo y también percibir el sentido o significado de algo". Es avistar con claridad lo que se quiere significar, lo que se dice de modo simbólico; percatarse de ello sin más explicación aunque se diga de manera encubierta. Significa también dar a entender algo que está oculto y aprehender su postrer significado latente aunque no se explicite; basta con una figura retórica o con un símbolo. De ahí que para el autor "el lenguaje es fuente de malentendidos". No hay para los hombres –ni para los animales– una visión unívoca universal. Todos no tienen el mismo "punto de vista", ni el mismo significado. (Si el daltónico no ve o confunde un color, ello no significa que ese color no exista. Todos los colores no son apercibidos por todos del mismo modo). En el cuento, no se trata de una visión fisiológica, sino de una "visión" interiorizada, mental o virtual. No se trata del aspecto exterior, sino que se sobreentiende. Por su lado, el zorro también, hizo que el principito "viera" miles de rosas de modo totalmente diferente a la suya. Esta visión de las cosas no era nueva para él. Ahora, ya muchas cosas tenían un contenido espiritual... Empezaba a conocer, a discernir, el significado esencial de la vida: la toma de consciencia de todo lo que aprendía. Y este sentimiento se lo transmitió al aviador, que los aceptó sin decir nada... Ya, tampoco para el poeta-aviador, nada era igual que antes. Se dio cuenta claramente cuando, bebieron el agua del pozo, y se dijo: ¡comprendí lo que había buscado! El principito aprendió a conocer, a discernir lo esencial de la vida. El conocimiento es lo que permite al hombre la posibilidad de construirse a sí mismo y también construir a los demás. Si el zorro le enseñó a discernir, a reflexionar, el principito se lo transmitió al piloto y éste aceptó con tanto agrado sus palabras que las adoptó. Para el piloto ya nada sería igual.

El principito le volvió a repetir: "Pero los ojos están ciegos. Hay que buscar con el corazón. Lo importante no se ve... Es como por el agua. La que me has dado a beber era como una música, a causa de la polea y de la cuerda... Recuerda... era buena". (P.P.).

Ninguna otra explicación podría agregar a este capítulo.

XX

El corazón y los ojos

Le cœur a ses raisons
que la raison ignore.
(Pascal)

Il ne faut pas voir la
realité tel que je suis.
(A. de Saint-Exupéry)

Los ojos, cualesquiera que sean sus formas han permitido ver y, consecuentemente vivir, a todos los seres animados (los ciegos, salvo excepciones, nunca podrían vivir solos). Estos órganos se dan en los hombres para mejor comprensión de su entorno. Los ojos les permiten ver la apariencia exterior de las cosas: sus formas y lugares que ocupan en el espacio; mientras que del corazón −además de órgano vital−, desde siempre, se ha creído que es la sede de los nobles sentimientos. Ninguno de ellos aparecen en el cuento como símbolos pero sí podemos colegir que no siempre lo que se ve es una realidad incontrovertible (un trampantojo por ejemplo), nos informa mal sobre lo que quieren representar, o sea que con los ojos podemos alcanzar una visión inconclusa que no es del todo real, depende de muchos factores. El que busca ha de saber lo que busca; es como el zahorí con su varita: sabe que el agua está ahí, oculta en algún sitio y que la puede hallar si sigue buscándola. Con el corazón sucede algo similar, pero lo que busca y encuentra es de otro orden que el material; el corazón no es que "vea" lo que los ojos ven. El corazón "siente" o "presiente": es la corazonada. El corazón es un órgano que tiene muchas facetas significativas. Al menor contratiempo de sorpresa (alegría o miedo) sus pulsaciones se aceleran como para prevenirnos de la inminencia inmediata de algo. En otro sentido, el corazón puede presentir hechos futuribles positivos o negativos. En *El Principito* la visión del corazón se refiere a que para llegar a los demás —al otro— hay que verlos de un modo bien distinto; su "visión" es de otro orden, es el resultado de querer saber los "por qué", es decir llegar al Conocimiento subjetivo, personal e intransferible que las cosas tienen: interiorizar y sublimar. Esa es la grandeza del hombre, cosa que le está vedada a cualquier animal. De cualquier modo la mirada de una persona tiene varios significados: unos de orden moral o ético, otros de orden espiritual y otros más de orden material. Todo dependerá de nuestra actitud... El etnólogo C. Lévy-Strauss dice: "Parece a menudo como si las cosas trajeran ya su mirada incorporada. Observamos los cuadros con intención estética, los artefactos con miras prácticas, los miembros del otro sexo con fantasías eróticas... Parece que cada objeto de nuestra atención nos llegue ya codificado por la mirada que le corresponde".

En *El Principito,* al decirnos que "no se ve bien sino con el corazón. Lo esencial es invisible para los ojos" emplea este tropo, esta figura metafórica, como símbolo de una mirada limpia que no sólo se posa sobre las cosas sino que va al interior de ellas. Esta mirada hacia lo oculto no es sino reflexión sobre ellas; sobre un significado más que nos procura una corazonada, es decir un pálpito cordial que hace que el corazón "vea", "sienta" lo que con los sentidos no se llega a alcanzar: la esencia de las cosas, no las cosas mismas aparentes.

Lo importante de la lámpara no es el aceite, sino la luz. (C.D.).

Es la mirada curiosa que tienen los niños cuando van descubriendo las cosas. De un modo general los niños utilizan más los símbolos para designarlas. Si se les pide que dibujen algo concreto (físico o sentimental) garabatearán con muy pocas líneas, harán un simple esbozo que sólo ellos podrán descifrar por ser la expresión simbólica del mensaje que quieren transmitir y habrán de explicarlo a los adultos para que lo entiendan, porque —una vez más— las personas adultas necesitan de largas explicaciones para comprender lo más simple. Esto lo tienen muy claro los psicólogos que sómeten a sus pacientes a un examen de figuras abstractas o no para que las expliquen según las "sientan". Algunas veces hemos visto cómo dibujan los niños que han sufrido las consecuencias de bombardeos o las disputas entre adultos, sobre todo de sus progenitores. Todos suelen reflejar perfectamente sus temores, sus inquietudes e incluso sus afectos hacia las víctimas y sus aborrecimientos; y desafección sobre los verdugos... Y explican sus dibujos de modo asombroso. Aquí también un simple dibujo esquemático es más expresivo que mil palabras. Esos dibujos son símbolos o quieren simbolizar. Los niños podrían ser un espejo en el que se mirasen los adultos. Pero solamente lo hacen los que aún guardan en su almario cierto candor y la capacidad de asombro de la que los niños son capaces. Hay que mantener en lo posible la inocencia infantil que no se ha de confundir con ingenuo y necio, es decir sin malicia ni ingenuidad o estupidez con intenciones aviesas y malintencionadas. Los niños también pueden ser malos.

XXI

Las estrellas, la luna

*La escala se espera como tierra prometida y
en las estrellas se busca su verdad.*
(A. de Saint-Exupéry)

*Hermosura del cielo es el resplandor
de las estrellas, brillante
adorno de las alturas del Señor.*
(Ec. 43; 10)

*La luna… la luna,
¡No hay lámpara como ella.*
(A. de Saint-Exupéry)

El descubrimiento del cielo nocturno tomó un nuevo sentido para Saint-Exupéry a partir de su primer vuelo nocturno. Siente que *todo se magnetiza.*

Cada estrella fija una verdadera dirección. Todas ellas son estrellas de Reyes Magos [Estrellas guías]. Todas ellas sirven a su propio dios. Esa indica la dirección de un pozo lejano, difícil de alcanzar... Aquella indica la dirección de un pozo agotado, y parece que incluso también la estrella también está agotada... Otra estrella sirve como guía de un oasis... Otra incluso apunta la dirección de una blanca ciudad del Sur... Otra la del mar. (V.N.).

Las estrellas constituyen para Saint-Exupéry un universo nuevo, diferente y fantástico. Se cita con ellas, en todo momento, en todas las ocasiones: cuando es dichoso, cuando se siente alegre, cuando en ellas busca la verdad...

Para el simple pastor que guarda algunos borregos bajo las estrellas... De una lava en fusión, de una pasta de estrellas... hemos salido. (T.H.).

El aviador se instala en el centro de una torre y una veleta invisible le indica todas las direcciones y aún la de la casa de su niñez y la de su hogar feliz donde le espera su esposa Consuelo o donde moran sus amigos, que no están lejanos ni tampoco perdidos... A todos los necesitaba, a todos les debía el afecto de su corazón: "En ellos se alojaba todo mi país, y gracias a ellos, mi país vive en mí". (L.O.).

Saint-Exupéry no volaba única y meramente por el placer de volar —que también—; el cielo lo llamaba igual que la Tierra. En las estrellas puso más de una vez su esperanza de vida. Confiaba en ellas más que en su avión, porque éste, a veces, lo abandonaba sin razones aparentes.

La Tierra señalaba su posición gracias a las cicatrices que le ha marcado la Historia y la Geografía... Tenía que inventarse la vía del cielo a cada instante, a pesar de la "Hoja de Ruta" que le entregaban antes de volar. En la Tierra sentía hambre y sed, en el cielo la alegría repetida de su primer vuelo de cuando era mozo adolescente. En la Tierra era labrador de hombres mientras que en el cielo los construía en su mente.

Todas las maravillas que encierra el universo se alojan en las estrellas...: el oasis, el desierto, los pozos, las fuentes, la vida, el amor y los humanos todos, pues cada uno de éstos tiene "su" estrella... Todos los que han observado el cielo nocturno, en el desierto, han quedado maravillados por el fantástico espectáculo que ofrece. Las estrellas del firmamento han constituido, desde siempre, un enigma, y un misterio para los que contemplan el prodigioso espectáculo de las estrellas noctámbulas en su desfile sideral...

Los antiguos, sumerios, egipcios, griegos, romanos..., en sus respectivos panteones politeístas, nombraron a las estrellas, a los astros, a las constelaciones... con nombres y atributos humanos y aún divinos: Venus, diosa del Amor, Marte, el dios de la guerra, etc. Los griegos elaboraron una bonita alegoría simbólica sobre el Sol. La unión de Helios-Hiperión es tan bella como sencilla: Cada mañana, el sol salía por Oriente, subía sobre la Tierra y se elevaba al cielo, donde continuaba una eterna carrera... ¿Dónde pasaba la noche? Nadie lo ha dicho; únicamente los poetas lo osaron y dijeron que "En una barca con quilla plana o bien en una cama de oro... hecha con alas, con las que —mientras dormía— lo conducían del País de las Hespérides al de los Etíopes". Helios era luz y calor. Vivificaba y nutría todo y lo veía todo y también iluminaba permitiendo la Vida en la Naturaleza. El Sol, la Luna, Eos... ocupaban las mentes de los hombres de la Antigüedad clásica, donde prevalecía la leyenda que unía los dioses a los hombres... Al final éstos acabaron por antropoformizarlos a todos...

Saint-Exupéry era muy dichoso navegando entre las estrellas. (Hermosa metáfora en la que el cielo deviene océano). Y, al igual que Ícaro, le gustaba volar muy alto, pero su tendencia natural le conducía siempre a la Tierra de los Hombres, porque al fin y a la postre, él es un hombre y además poeta. Nada, en el hombre, le dejaba indiferente. A veces él mismo se consideraba parte de estrellas; en otros momentos prodigaba sus cuidados al "rebaño" humano, con el que se sentía solidario y con ganas de construirlo hasta conseguir de él un templo...

Para volar de noche, se apoyaba con seguridad en el firmamento, que le orientaba en todo momento. Durante las noches tempestuosas, una estrella era el "perro-guía" que lo conducía con certeza hacia su fin...

En sus idas y venidas tenía ocasión para meditar sobre los problemas humanos, que son los que verdaderamente le importaban. Saint-Exupéry insistía en la necesidad de participar con el fin de conocer. "Nada, para mí, tiene sentido si si no me meto en el cuerpo y en el alma". (C.D.). El cuerpo trabaja para el orador, el alma para el poeta. Y cuando el poeta se halla en peligro de muerte, a causa de una tormenta, confía su destino a las estrellas que ávidamente buscará. (Nótese que no en una divinidad). Durante sus largos viajes nocturnos, las estrellas serán su única compañía, íntima y consejera...

Lo guiarían bien cuando el cielo está bien poblado de ellas, paro si el cielo se cubría con negros nubarrones, en la noche cerrada, entonces se sentía verdaderamente en peligro mortal.

Léon Werth, que tanto amaba a su amigo Saint-Exupéry, decía de él: "Es un arcángel entre el Cielo y la Tierra, rodeado de estrellas en medio de la noche, o perdido en el espacio; sin saber distinguir las luces de la tierra, debía escoger entre los planetas, porque perdía el suyo". (C.T.S.)

El principito no podía sustraerse a la condición que él también venía de una estrella. ¡Su planeta era una estrella! Y, llegado el momento de su partida hacia ella, ésta se hallaba justo encima del lugar donde, un año antes, había aterrizado...

Las estrellas de *El Principito* no son los astros y planetas que todos sabemos. (Se trata de una alegoría que representa símbolos, metáforas, con todas las cualidades y defectos que contiene la Tierra). Nada tienen tampoco que ver con las estrellas que atesora el *businessman,* para quien ellas no constituyen bienes tangibles, que sólo sirven para ser anotadas en un papel y guardadas en un cajón o custodiadas en un banco. Para otras personas poco sensibles tampoco tienen importancia las estrellas. Son: "Pequeñas cosas doradas que hacen desvariar a los vagos" (P.P.), según el hombre de negocios... Pero para el principito las estrellas son algo muy distinto. Las suyas saben sonreír, tienen música, son florecientes. Suenan como cascabelitos risueños. Y, lo más importante de todo, es que las estrellas guardan un tesoro que no vemos pero que sentimos, como se siente la irradiación de las dunas del desierto. Sus paisajes dan la pureza de la arena y su contemplación –en las noches suntuosas– de un cielo poblado de estrellas, nunca antes fueron vistos de esa manera. La única luz que recibe el desierto proviene de las estrellas y de la luna, cuando ésta se halla en su plenitud. Y, si la noche serena sorprende al piloto, su guía será una estrella; una estrella que será su punto de unión y que no lo dejará. Las estrellas tranquilizan a los pilotos del mar y del cielo, pero no únicamente durante las noches tormentosas y, solamente se sentirán en verdadera seguridad cuando la humilde y tenue luz de un faro se anuncia en la noche; entonces cambian una estrella por esta otra, verdadera luz que ofrece la escala, el paisaje conocido, las casas amigas llenas de ternuras, plenas de amor... Pero de todas las estrellas solamente una compensaba su esfuerzo: la Tierra de los Hombres, que entonces se convierte en Tierra de Promisión... (¿Recuerdo bíblico?).

Para el resto de las personas, las estrellas se callan... "Las gentes tienen estrellas que no son las mismas". Para las personas insensibles e indiferentes a las dunas y a las estrellas, éstas tienen otros significados: para los viajeros de comercio, son guías; "para otros son lucecitas sin importancia que brillan en el cielo". (P.P.).

–Tú tendrás estrellas como nadie tiene le dijo el principito a su amigo aviador. "Cuando mires el cielo, en la noche, puesto que yo habitaré en una de ellas, puesto que yo reiré en una de ellas, entonces será para ti como si riesen todas las estrellas: ¡Tú tendrás estrellas que saben reír. (...) Tú tendrás ganas de reír conmigo y tus amigos te tomarán por loco... Es como si yo te hubiera dado en lugar de estrellas un montón de campanillas que saben reír y de fuentes que saben cantar..." (P.P.).

Para Saint-Exupéry, el cielo es un "Vivero de estrellas"... Nietzsche ha dejado escrito: "Debes ir más allá de ti mismo, debes ir más lejos, subir más alto, hasta que veas las estrellas a tus pies". (Saint-Exupéry admiraba mucho al filósofo alemán. "Me gusta Nietzsche extraordinariamente". (Cartas de Juventud).

Esta metáfora de las estrellas presentan un simbolismo espiritual que el principito quiere dejar como regalo al piloto para que recuerde que será "su amigo para siempre". A partir de la marcha del principito hacia su estrella, el piloto gustaba de escuchar de noche a las estrellas... que ya serán para él como "Quinientos millones de cascabelitos, como quinientos millones de fuentes". Pero después de la marcha del principito, el piloto quedó muy pensativo al constatar que se había olvidado de darle una correa para atar al cordero. Y se preguntó si el cordero se comió o no a la flor. ¡Seguramente no! pensó y quedó muy contento y todas las estrellas le sonrieron. Pero... ¿Y si el cordero salió sin hacer ruido, durante la noche? ¡Entonces los cascabeles se tornarían lágrimas!

Y, al lector atento, le hace el siguiente ruego:

—Preguntaos si el cordero, sí o no, se ha comido a la flor... Y veréis como todo cambia... (P.P.).

Pero las personas adultas que sean insensibles jamás comprenderán que eso tenga tanta importancia. El simbolismo que encierran todas estas cuestiones tiene fácil explicación. Sólo se necesita tener una buena dosis de sensibilidad. Esto servirá de colofón a la historia del cordero, de las estrellas, de las campanillas o de las lágrimas... Saint-Exupéry nos presenta esa dicotomía que es una tendencia a reducir la realidad a una oposición entre el bien y el mal como existe en toda la Tierra de los Hombres. Pero tiene la delicadeza de no erigirse en moralista tal como los fabulistas nos dan como colofón de sus relatos, y que puede existir en la interpretación de los símbolos, que suelen ser dos o más aspectos de una misma realidad. De ahí la necesidad de establecer una escala de valoración de todas las cosas. Esto no es cuestión limitativa. He intentado mostrar un aspecto simbólico en *El Principito*... Estoy seguro que algunos hallarán otros significados...

XXII

Los números

Haz un censo general
de toda la asamblea de
los hijos de Israel, por
familia y por linajes,
describiendo por cabezas
los nombres de todos los varones.
(Nú. I: 1; 2)

Enumera a los hijos de Leví
según sus linajes y familias.
(Nú: 2: 3;14)

Las cifras, los números, su grafismo, rebosan de humanidad y tienen una sustancia poética. Los números constituyen un arte reservado antaño a una minoría muy selecta, porque se les consideraba con poderes mágicos. En Europa, hasta hace muy pocos siglos los números solamente preocupaban a unos pocos grupos científicos medio-orientales, especialmente a los hindúes, que fueron los que descubrieron el Cero. Esto necesitaría muchos siglos de reflexión y un enorme esfuerzo intelectual. Contar sólo concernía a unos grupos sociales interesados en conocer los resultados de unas operaciones (generalmente de compra y venta); fechas conmemorativas, la fundación de ciudades, las guerras triunfales o sus victorias y derrotas que se conocen porque se les asoció a las cifras. Los números nos sirven para dividir el tiempo histórico y situarnos en él. Los estudiosos historiadores que han querido marcar hechos importantes han recurrido a la división del tiempo, no sólo en períodos cortos sino en otros larguísimos en que se cuenta por "Eras" los más significativos aconteceres. ("Era", en latín significa número), tiempo en que "se desarrolla un suceso trascendental desde el cual empieza a contarse el tiempo histórico".

Los signos, números, las cifras, tienen una muy extensa historia imposible de adatar. Lo que sí se cree saber es que los números precedieron a las letras. Se conoce con certeza que los signos gráficos son bien anteriores a las letras. El descubrimiento de ambos se considera como uno de los más grandes inventos alcanzados por la mente humana. Trasladar un concepto abstracto y darle forma concreta debió ser un ejercicio mental colosal... Se cree que perdurarán de por siempre en todo el orbe. El signo, el grafismo se ha impuesto en la vida del hombre. El número lo llena todo. Todo es número.

Aunque hoy nos parezca tan sencillo como evidente calcular con ellas no siempre fue así. Los números han sufrido toda suerte de modificaciones en su compleja representación. Su grafía se fue simplificando a medida que transitaba por el espacio y el tiempo. Compárense la sumeria, la babilónica, la egipcia, la hebrea, la griega, la romana, la china, la maya, la india y la árabe hasta la nuestra actual y se verán sus fluctuaciones. Las cifras constituyen unos elementos de cálculo muy complejos. En Europa, hasta no hace muchos siglos se utilizaban letras (en Occidente, en Grecia y Roma) que también contenían un significado simbólico, sobre todo en las culturas semíticas. El valor numérico de las letras consonantes es de capital importancia en el judaísmo por su enorme valoración simbólica. La Cábala se ha ocupado mucho de ellos. Su valor espiritual solamente lo perciben los judíos estudiosos. El hebreo ha sabido darle a cada letra, a cada frase —según su contexto— un significado simbólico (cabalístico) que se transmite a los iniciados. No me extenderé aquí sobre los tan diversos significados esotéricos de los números.

Para Pitágoras y su escuela, "Todo es número". El sabio de Samos pensaba que todo el universo está constituido por el número. La belleza, la estética, la proporción heredadas de los griegos y romanos tienen su correspondiente proporción en el Número de Oro: 1,618... Desde las dimensiones de los libros, las fotografías, los soportes de las pinturas hasta las tarjetas de crédito, todos tienen esa proporción áurea. Su dimensión proporcional es muy grata a la vista.

Para René Guénon "la ciencia tradicional de los números es algo muy diferente de la aritmética profana de los modernos". "Trataremos de decir al respecto lo suficiente como para que cada cual deduzca las conclusiones que se imponen en la determinación del momento cósmico correspondiente a la época actual".

Pero los números citados en *El Principito* son únicamente profanos o laicos; sin ningún otro sentido que el de designar. En el relato se enumeran los hechos más importantes, sin más: número de planetas, flores, años, estrellas, y un largo, etc. Lo han invadido todo... El Número es el más grande de los paradigmas. Se imponen en todo. Se han hecho indispensables. Ya nadie podrá vivir sin ellos. El número se ha impuesto en nuestra vida con tanta fuerza que ya no podemos desasirnos de él. Nada escapa a su importancia. Los números se han hecho indispensables para la gobernanza de los países de nuestro entorno científico. Se usan para toda suerte de estadísticas, en economía, índice de población (censo), aduanas, turismo, billetes de banco... D.N.I., etc. Ya nada sería igual sin ellos. En efecto, todos nuestros actos, nuestras actuaciones están regidos por el número que es el único que permite identificarlo todo. El número asignado es irrepetible e inconfundible; es más veraz que los nombres y apellidos que a veces se repiten en dos o más personas. La Tierra se ha dividido en dos hemisferios, los husos horarios dependen del lugar que ocupen en la división del día; y desde los números de nuestra talla física (ropa, calzado, etc.), las calles, los edificios, los apartamentos son numerados; el teléfono, los transportes públicos y un largo etcétera imposible de consignar aquí pero que el amable lector puede completar a su gusto. Todo es número. Todo lo invade el número. Cada individuo es un número.

Por mi parte creo que Saint-Exupéry –insisto en ello– ha escrito *El Principito* basándose en la Torá. Y no solamente por los Números (a cuyo capítulo el Antiguo Testamento dedica nada menos que 145 páginas), sino en los personajes o prototipos humanos que son casi idénticos: (El que lo dude no tiene más que escudriñar las Sagradas Escrituras).

El septenario es como el denominador común. La Creación del Mundo, las semanas, las festividades y eventos importantes se producen cada siete días o un múltiplo... La moral que impera, el amor al prójimo, el Decálogo (Base muy importante de los Derechos Humanos) y un largo etc. ¡Pero, claro, esto lo dicen los judíos...! Y sabemos que los demás no suelen leer la Biblia, el Libro más leído y traducido de todos los que en el mundo han sido y son. Yo, que no soy judío, no me duelen prendas decirlo: Occidente, su civilización se la debemos a egipcios-griegos-y-judíos. Pero éstos son los únicos que prevalecen. El Mundo fue creado para ellos y la Tierra es su heredad. El Monoteísmo y el amor al prójimo son sus dos actos espirituales más importantes. Los demás son ramas de ese tronco único. No pretendo hacer proselitismo que a los israelitas, les hace falta.

En *El Principito* se enumeran acontecimientos importantes; con ellos se quiere significar su interés en las cantidades apuntadas. No transcribiré todas las veces que enumera los asuntos; me limitaré a transcribir algunas circunstancias para que el lector los aperciba también. Veamos:

1: El principito poseía una flor, única en el mundo. En una estrella, en un planeta vivía el principito; éste pasó un año en la Tierra. Había un volcán apagado en su asteroide. Una esfera de cristal le solicitó la flor. Un rey y otros tantos personajes de uno en uno (un farolero, una vieja rata, etc.). El vendedor de píldoras le dijo que tomando una se calmaría la sed durante una semana.

2: Dos eran los volcanes que estaban en actividad en su planeta.

3: El principito había descuidado tres arbustos. La flor tosió tres veces. Una sencilla flor en el desierto tiene tres pétalos.

4: Cuatro diminutas espinas tiene su flor. El principito regresó a ver al zorro a las cuatro de la tarde... El hombre rico, por culpa de un abejorro, hizo cuatro errores en una suma...

5: Este número cinco reviste mucha importancia en *El Principito*. El quinto día de su estancia en la Tierra, el principito le reveló al aviador un secreto problema que le atormentaba: saber si el cordero se podría comer a la flor...

6: El quinto planeta que visitó el principito es el del Farolero. Lo que en este planeta le gustó era podía ver muchas puestas de sol, cosa que le complacía mucho, sobre todo cuando estaba triste...Y con un suspiro se dijo:"Este es el único de quien hubiera podido hacer mi amigo", que era lo que él buscaba. En el florido jardín de la Tierra el principito halló 5000 rosas... Rechazó el bozal, la estaca, la cuerda, la correa de cuero y la armadura; estos cinco elementos que impedirían que el cordero se pudiera mover y comerse la flor...

7: Seis o siete fueron los hombres que vio la flor del desierto. Tenía seis años de edad Saint-Exupéry cuando leía cuentos de niños. Seis años hacía que el piloto recordaba la marcha del principito.

20: A veinte metros del viejo muro se paró el piloto cuando el principito hablaba con la serpiente sobre su vuelta al planeta.

40: Cuarenta y tres veces contempló el principito una puesta de sol en su planeta, un día que estaba muy triste...

50: El comerciante de píldoras decía que tomando las suyas se economizaban cincuenta y tres minutos por semana... El hombre rico durante cincuenta y cuatro años que habitaba en su planeta solamente fue molestado tres veces.

Grandes números: El principito *se hallaba en la región de los asteroides 325, 326, 327, 328, 329 y 330. Para encontrar algo en que ocuparse e instruirse, comenzó a visitar estos asteroides* (P.P.). Estos planetoides son los que en adelante, sin describirlos, están habitados por los prototipos de humanos de que nos habla. El séptimo sí que era un planeta: la Tierra, donde habitan miles de millones de seres humanos y millardos y millardos de otros seres vivientes.

El hombre de negocios hace sumas en voz alta: Cinco y siete doce, y tres quince... 500 millones de estrellas poseía... El farolero encendía y apagaba su farol 24 horas, un mes, 30 minutos, con lo que cada 24 horas había 1.440 puestas de sol.

En la Tierra: 111 reyes negros, 7.000 geógrafos, 900.000 hombres de negocio, 7 y medio millones de borrachos, 311 millones de vanidosos, es decir: 2.000 mil millones de seres adultos... 462.511 faroleros en los seis continentes. Son 1.000 los viajeros que clasifica el guardagujas...

El principito, pálido de rabia le dijo al aviador:

–Hace millones de años que las flores fabrican espinas. Hace millones de años que los corderos se comen las flores...

El número siete. En el cuento no parece que sea casualidad que el principito visite siete planeta, dado la importancia que tiene el septenario desde que los antiguos creyeron que el acto de Creación lo fue en siete días; la división del tiempo histórico que aún usamos para el trabajo.

El siete ya es de por sí un dígito de los llamados cabalísticos por excelencia, y además fasto. El período de la Creación del mundo se divide en siete períodos, itero, no por querer darle un sentido místico en este caso, sino porque el siete, desde siempre, se ha considerado como número mágico y porque el hombre, debido a la observación de la naturaleza, ha sentido la necesidad de dividir por siete o múltiplo de siete. Y no parece baladí que hasta las fases de la luna, los meses se compongan de cuatro septenarios. Siete son los días de la semana y los colores del arco iris; también de las notas musicales, la edad de la razón...

Si he hecho esta pequeña incursión en el mundo de los números es porque en *El Principito* se divide el tiempo en días, años y aún en aniversarios. Ha de quedar claro que no pretendo en modo alguno hacer creer que Saint-Exupéry dio a los números algún significado esotérico. Pero hay constancia que los días cuentan y que no sería en vano que el principito recorriera su periplo visitando en siete días, siete planetas, el último de los cuales es la Tierra... Y a las siete cuarenta se ponía el sol en el planeta del rey...

Dado la importancia que ha tenido el número siete me ha parecido interesante hablar de los siete planetas que visita nuestro héroe, donde encuentra otros tantos arquetipos humanos con sus defectos, complejos y alguna que otra virtud. Al presentárnoslos Saint-Exupéry nos da una muestra de la condición humana en sus comportamientos, en sus relaciones con los demás o consigo mismo, cosas que hay que evitar caer en ellas y repudiarlas o distanciarse. Desde el punto de vista moral los siete personajes humanos representan simbólicamente algunos defectos que se han de corregir por las virtudes que les son opuestas. Podían haber sido ocho, nueve o seis, pero aquí la importancia reside en el número siete que es el que por regla general se ha considerado como el de preceptos morales para una óptima relación para con los demás humanos. Con ello nos indica qué actitudes y modos de comportamiento de casi todos esos personajes son negativos.

He resaltado el valor de los números porque los pueblos de la antigüedad consideraron la conveniencia de conceder a los números unos atributos de dualidad, positivos o negativos. Y por esa misma razón tomaron al hombre como medida de todas las cosas y le atribuyeron cualidades y defectos de igual modo. El septenario preside muchas cosas importantes, entre otras la división del tiempo en semanas...

Simbólicamente hablando el septenario perfecto es el hombre... Digamos también que el tres es su parte espiritual y el cuatro conforma su cuerpo material... Hasta no hace muchos años no se tenía una noción muy clara de la realidad existencial del símbolo, porque trata de lo impalpable, de lo intangible.

La cuestión no me parece fútil o superficial y menos aún cuando el séptimo planeta es "la Tierra que tiene buena reputación" y a ella se dirigió el principito. Aquí, en la Tierra es donde se reúnen y desarrollan los actos más vulgares, ordinarios y toscos de la mayoría de las personas que están colmadas de materialismo y dominadas por el afán de poseer riquezas materiales; casi todas ellas están carentes de interés por el altruismo y la filantropía, el arte y el amor... El interés por el consumismo de bienes no es necesariamente indispensable para vivir sino que, en ocasiones están promovidos por razones de moda o de prestigio social.

Es en el séptimo planeta, en la Tierra, donde se desarrolla la mayor parte del cuento. No es pretensión por mi parte adjudicarle un sentido oculto, esotérico al planeta en que vivimos, pero sí constatar que la historia de la humanidad se desarrolla únicamente en el planeta azul y en ninguna otra parte del universo conocido. Sin embargo no sería mucha casualidad que la Tierra fuese el séptimo y que ese dígito determine el ciclo hebdomadario.

Termino diciendo que he tratado de mostrar algunos significados que poseen los números sin ninguna pretensión culterana. Solamente me ha movido el interés de aportar una pequeña ayuda para alcanzar su simbolismo en *El Principito*.

XIII

El desierto

El imperio del hombre es interior.
(A. de Saint-Exupéry)

Abordarlo no es visitar el oasis
es hacer nuestra religión de una fuente.
(A. de Saint-Exupéry)

El desierto de que nos habla Saint-Exupéry es el sahariano, que conocía muy bien por haber pasado semanas, meses, años de su vida en él, en una oficina-hangar polvoriento y pedregoso. Le fascinaba estando presente o ausente de él... Allí, en el desierto, recogió las semillas que luego sembraría en toda su obra... Y concluye: "Como tantos otros he soñado con su magia". Añoraría aquellos años como los más bellos de su vida.

*Ahí uno se encuentra inmerso permanentemente
en un auténtico ambiente de tedio y, sin embargo,
invisibles divinidades le crean a uno toda una red de
direcciones, de inclinaciones y de signos de toda una
musculatura secreta y viva. Ya no hay uniformidad.
Todo se orienta. Incluso un silencio ya no se parece
a otro silencio.* (C.D.).

(Los israelitas, han pasado la mitad de su historia
rodeados de desiertos). Saint-Exupéry vivió en el Sahara
un total de tres años de su vida, que sin duda fueron
los más fértiles para su hermosa creación literaria. Es
concluyente cuando dice: "Al igual que tantos otros, he
soñado con su magia". (T.H.).

*Tengo el presentimiento que toda la espiritualidad
y toda la sabiduría del pueblo israelita han sido
adquiridas en los desiertos.* (C.D.).

Creo que pocos antes que él hayan descubierto
la riqueza, la vida, que hay enterrada bajo su arena pe-
dregosa ni en el tesoro que irradia de su interior. (Los
grandes místicos de las religiones monoteístas pasaron
largas temporadas de sus vidas en el desierto: Abrahán,
Moisés, Jesús y Mahoma, son ejemplos indiscutibles).
El desierto encierra una fascinación muy grande. A
ninguna persona sensible le es indiferente. Los que lo
cruzan por necesidad vital, ni los deportistas lo llegan a
sentir así. Para otras personas en el desierto algunos sólo
encuentran un deseo egoísta: explotar unos sus riquezas
materiales, otros una realización deportiva. Sólo ven en
él la posibilidad de triunfar u obtener una victoria que

les proporcione notoriedad, dinero y también minuto de gloria que dilatan... Pero ninguno por el desierto en sí.

Saint-Exupéry dice que "Jamás me he sentido solo en el desierto" (T.H.). No podía sentirse solo estando consigo mismo en la soledad. Él amaba realmente el desierto y lo expresó así: "¡Qué perfección el desierto! [...]. Desde mi primer viaje, sentí el gusto del desierto. El Sahara nos revela dentro de nosotros. Abordarlo, no es visitar el oasis, sino sacar nuestra religión de una fuente". (C.D).

El desierto le revela una imaginería que él se impone de modo simbólico. Eso es lo que quiere significar cuando habla de "religión". (Del latín *religare*, atar, unir). Ese es el sentido que designa cuando habla del hecho vivido, experimentado, en aquella inhóspita extensión. Saint-Exupéry transpone así su "experiencia personal a una lección universal". Ese es el sentido que compone la alegoría del cuento y que podríamos considerar como una parábola destinada a todos los hombres.

El paisaje, no siempre pedregoso del Sahara, sus espléndidas dunas, no son fijas como las montañas: el viento las dibuja, las talla y las mueve de un lugar a otro al igual que a los *targui* (plural de tuareg) que lo transitan, con sus reatas de dromedarios —unidos entre sí por una cuerda que los ata del rabo al hocico— formando caravanas cargadas de toda suerte de mercaderías. Es maravilloso el paisaje de las dunas redondeadas por el viento; todas tienen formas de media luna o de serpientes tendidas al sol. Las líneas curvas producen sosiego. Dan la impresión de que están quietas, pero en el desierto todo se mueve lentamente, como los dromedarios y los caravaneros. Todos se desplazan silenciosos. Nadie habla con alguien. Probablemente ninguno de ellos medita extasiado por la belleza tan simple que los rodea… La mayoría de los que lo transitan solamente van pensando en sus negocios. Los dromedarios son los barcos cargueros del desierto y los hombres sus pilotos sin timón.

En el desierto todo se magnifica: el objeto más sencillo, el acto más humilde y gratuito da satisfacciones imposibles en otro lugar. Si se está acompañado todo se comparte, desde "el pan y la sal" hasta la amistad, el amor al prójimo, sin buscar contrapartida alguna. En el desierto todo se entrega, todo se da benévolamente… En él siempre le causa una inexplicable sensación al que pisa su arena. Se experimenta una grata emoción que el desierto transmite tanto de día como de noche, a la luz de la luna llena, en que la redondez de la duna se aprecia bien. Es cierto que el desierto irradia, que tiene una intensa "vida" en su interior; que sugiere muchas cosas y que hace soñar despierto… La superficie desértica, de día, a veces, sólo se puede mirar a cegarritas, es decir entornando los ojos.

En las noches serenas −casi todas las del desierto lo son−, el cielo está plagado de estrellas que parecen navegar lentas por el espacio mineral helado e infinito, pero no silente. Un inmenso fragor se da perpetuamente, pero no lo oímos a causa de la lejanía… Cada astro, cada estrella, cada galaxia, deja tras de sí una estela, una órbita que es el rail que la conduce, pero que es invisible para los ojos…

Probablemente la noche víspera de la aparición del principito, el aviador se enrolló en una manta sobre la arena y se durmió bajo las estrellas; la luna también se inclinó silenciosa sobre la arena…"A mil millas de toda tierra habitada". "Durante los plenilunios, de noche, la arena es de color rosa". Todo lo que escribe Saint-Exupéry corresponde a la verdad, a su verdad, esto es: la expresión clara de sus experiencias que suscitan la imagen de lo que nos narra de modo tan verídico. Esto que parece tan simple decir es muy difícil de escribir. De ahí la necesidad de emplear tropos que faciliten la interpretación simbólica del contenido que ha realizado en sus experiencias tan esenciales, tan vitales. Nada extraño es saber que Saint-Exupéry ame tanto al desierto, a su arena radiante, a sus oasis que crecen llenos de vida al menor contacto con un regato de agua, cerca de un *Ksar*, una Ciudadela habitada por gente laboriosa, mujeres discretas y niños alegres. Un verdadero remanso de tranquilidad…

De vez en cuando el desierto denuncia y anuncia un cambio de tiempo meteorológico.

Si ha llovido en alguna parte, se anima un gran éxodo en el Sahara. Las tribus suben hacia la hierba que crecerá a doscientos kilómetros más lejos… El agua es la vida y la sangre de los hombres. (C.D).

La llanura ondulada que pisó el principito era yerma, en ella sólo vio una flor con tres pétalos y un reptil, un áspid, uno de los animales más inteligentes. Su figura simbólica ha sido adaptada por muchas civilizaciones. El ofidio no ha sido elegido al azar. La serpiente tiene mucha enjundia. Simboliza la Sabiduría, la Ciencia… Lo sabe todo sobre el hombre y la mujer… y muchas más cosas que ya no se dicen. (Véase la Biblia).

Saint-Exupéry apreciaba al desierto, como se ama a la verdad. Nada distrae la atención; uno se deja impregnar por sensaciones siempre nuevas. Cuando se está en silencio consigo mismo, una voz interior venida de no se sabe donde requiere toda nuestra atención; y si a veces ocurre que no llegamos a los demás, es que ni siquiera sabemos decírnoslo a nosotros mismos. Los otros nos pueden aportar otras vías de conocimiento, otros modos de sentir… si sabemos escuchar cuando dicen algo… En esa yerma extensión el aviador conoció la soledad y probó su suave sabor… Los que ven en él solamente silencio y vacío nunca lo amarán, como tampoco se quieren los amantes de un día. En el silencio el desierto es un reino secreto y cuando sopla la tempestad de arena entra en disidencia y se revoluciona. El aislamiento y la soledad que ofrece el desierto le permitió a Saint-Exupéry adentrarse en sus recuerdos y reflexionar sobre la condición humana, sobre el destino del hombre, sobre su propia construcción. El Universo todo, la creación, el gélido espacio sideral y su negrura, únicamente iluminado por el fulgor de las estrellas (que vistas desde el desierto parece como si fuesen rasgaduras en la piel del cielo), a través de las cuales uno se imagina otra vida más luminosa y cálida. El desierto durante la noche deviene fuente de prodigios. El recuerdo de los pozos que oculta, de la mujer que se desea para departir con ella, para hablarle de los recuerdos que abriga el corazón, para prodigarle generosas caricias, para fundirnos en ella y ella en nosotros, en disfrutar al amarla y ser amado. Esa seca extensión aísla físicamente al hombre pero lo ata firmemente a los hombres. El oasis será un abra de paz y la alborada una seguridad cargada de esperanza. La permanente victoria sobre el desierto es cuando se vence a la arena y al sol ardiente que nos puedan convertir en un cascarón vacío, en nada... Pero una vez al abrigo asegurador del oasis o del hangar el pensamiento se ensancha y se libera permitiendo nuestra propia liberación. Este árido paisaje forma al hombre, endurece su voluntad, fortalece su espíritu, no dispersa sus pensamientos sino que obliga a recogerse en la idea que se está formando sobre las cosas gracias al himno del silencio. El silencio protege al hombre en el desarrollo de sus pensamientos, en el descubrimiento del saber. En eso consiste el progreso espiritual de los humanos. En el silencio absoluto el alma habla. Los filósofos, los poetas, los místicos, los amantes necesitan del silencio para escuchar la voz callada de la razón y del espíritu.

Cuando Saint-Exupéry confiesa al principio del cuento: "Así, he vivido solo sin nadie con quien hablar verdaderamente", quiere significar, sin decirlo, algo importante. En ese sentido nos invita a pensar y a preguntarnos lo mismo al final de cada día, en la soledad que buscamos para dormir. ¿Con quién he hablado verdaderamente hoy? Si repetimos y hacemos este simple ejercicio mental durante algunos minutos, la respuesta será siempre negativa... Podremos hablar con mucha gente pero no nos decimos nada. Hablar no es lo mismo que decir. Si hacémos ese simple ejercicio mental nos daremos cuenta de la vacuidad del lenguaje con que nos han hablado y que casi siempre suele ser fuente de malentendidos.

El desierto, todo él, es mucho más de lo que se ve, porque "El imperio del hombre es interior". (C.D). Nada que esté fuera de él podría darle lo que desearía buscar. Repito, el desierto es mucho más que lo que se ve. Cuando uno está en silencio consigo mismo, una voz interior requiere toda nuestra atención. Con los demás no siempre tenemos las palabras adecuadas, de ahí la incomunicación. En el desierto se "oye" el silencio. Seguramente en él Saint-Exupéry tomó consciencia de la vida, del comportamiento igualitario de los humanos, de los odios, de las envidias, de su inmoralidad siempre igual en todas partes. En el desierto no se sienten necesidades, más allá que alimentarse moderadamente, justo para vivir. En esa salvaje, inculta y desnuda extensión, el poeta-aviador gusta de su suave dulzura, pero para quien lo ama; el desierto es un reino secreto y cuando la tempestad trona, la arena entra en disidencia y se rebela...

El aislamiento y la paz que ofrece el desierto, permitió a Saint-Exupéry reflexionar hondamente sobre la condición humana. Y, haciendo suyas las palabras de Nietzsche, dice, que "si es necesario, hay que matar al hombre para que viva lo sobrehumano". "¿No es esto una reminiscencia del mito de Jacob en su lucha contra el ángel?"

Definitivamente las resonancias de ese mito son también nietzscheanas tanto como pre-cristianas (dicho de otro modo: judías) ¿No fue acaso durante el combate nocturno que Jacob se ganó el título de Israel: "Fuerte contra Dios"? ¿Saint-Exupéry halló también esta idea en la Torá? (Gén. 32; 29). A fe mía que sí...

Nietzsche dice:"El hombre sobrepasa infinitamente al Hombre" y Saint-Exupéry: "Mi civilización reposa sobre el culto al hombre a través los individuos". (P.G.). Por su lado Luc Estang afirma:"Saint-Exupéry se introduce en el camino de lo sobrehumano; lo sobrehumano es, de hecho, la deificación del hombre". El problema de Saint-Exupéry es que:"Hace falta dar a los hombres un significado espiritual... Durante siglos mi civilización ha contemplado a Dios a través de los hombres. El hombre ha sido creado a imagen de Dios. Se respetaba a dios en el hombre (P.G.). El mundo ha sido creado para el hombre y no el hombre para el mundo".

(Alusión directa al Libro del Génesis). Aquí se disipa cualquier duda sobre las creencias y orígenes judaicos de Saint-Exupéry...

La persona se ha de despojar de la ganga material que le cubre, que le atrapa con su carga negativa de deseos nunca del todo saciados. (Codicia, avaricia, posesión de bienes tangibles y materiales) que son los que condicionan un comportamiento egoísta, lo cual le impele hacia un desmedido consumo, que no lo contenta plenamente; de ahí su eterno descontento... Mientras que el hombre y la mujer con aspiraciones de otro orden, es decir, espirituales, se interesen por la poesía, las obras artísticas, el amor, la música alcanzarán un deleite imposible de definir o explicar con palabras. Las palabras hueras hay que llenarlas de contenidos nobles. El desierto, ya lo he dicho varias veces, es algo más que un conglomerado mineral, que es lo que suele ver el que lo mire con una ojeada negligente. Su quietud nos invita a estar quedo, a ovillarnos con el fin de encontrarnos. En ese estado de sosiego se goza de una paz tranquilizadora y evocativa de lejanos recuerdos. Es como el eco de una suave oleada que nos ofrece la concha marina. Seguramente, cuando Saint-Exupéry se acomodaba para descansar y se relajaba de las tensiones del día, pensaba en el modo de poder construir a los hombres... En el desierto, nuestras necesidades físicas se reducen y aparece la frugalidad. Se come y se ansía poco, y el dinero está de más, pues nada se puede comprar con él. Nada de lujo blando, pastoso... En medio de tanta sequedad no existe otra obligación que su deber, nada de esclavitud tampoco. Se fortifica la voluntad, la paciencia y la fe en sí mismo y en los demás.

El simbolismo que pudiéramos colegir del desierto es que el áspid, la serpiente, la rosa —con el zorro— son una espléndida metáfora de sabiduría, de listeza... El desierto ha sido el primer protagonista del cuento, porque en él se despertó una buena mañana el aviador, después de haber tenido una pesadilla —llena de metáforas y de símbolos— que relata magistralmente con precisión. El desierto es el lugar donde empieza y acaba el cuento y donde convivieron el aviador y el principito.

En el planeta árido un rebaño de ovejas miran fijamente a la rosa, de la que ¡yo soy responsable!

XXIV

El agua y el pozo

L'Eau ce liquide voiturier
de toute nourriture, pour
les trois regnes.
(G. Bachelard)

El pozo del Ksour,
es una ventana
abierta a la vida.
(A. de Saint-Exupéry)

El agua es anterior a todo, es el elemento primordial por excelencia del que surge todo lo viviente: la vida vegetal, animal y humana. Nada sin ella es. El Agua es el fenómeno fecundante, nutritivo, vital y al mismo tiempo purificador. Es imposible concebir la vida sin Agua porque ésta contiene todos los elementos esenciales a la existencia. Sin el agua nuestro planeta, la Tierra, sería tan yermo como lo son los planetas con los que formamos parte de nuestra galaxia, de nuestro entorno sideral más cercano y aún lejano. La Tierra está compuesta de al menos un setenta y cinco por ciento de agua... (como ya dije). El anchuroso mar océano evoca el principio de toda vida. El océano tiene su origen en las profundidades del caos inicial; en él se haya en potencia las fuerzas misteriosas que dieron origen a la creación. Con el agua comienza el nacimiento, fecundidad y renacimiento. "El agua es el principio indiferenciado de lo virtual, fundamento de toda manifestación cósmica, receptáculo de todos los gérmenes. De ella nacen todas las formas y a ella vuelven por regresión o por cataclismo...". Es el único elemento que forma un inacabable círculo gracias al cual se produce el eterno retorno. Su ciclo: evaporación, condensación, lluvia, está en perpetuo movimiento, sin el cual nada podría ser en la tierra, nada sería fértil, nada existiría con vida.

El principito dijo al angustiado aviador que "el agua también es buena para el corazón". O sea, que posee un valor espiritual junto al material: calma la sed y regenera los minerales de los cuerpos. Sin agua no se puede vivir. En este caso es un alimento para el cuerpo; en el anterior lo es para el espíritu, para el alma. El agua purifica, la sangre es pecaminosa: su derramamiento, su consumo. El aviador se acordaba que iba a morir de sed en Libia, pero de modo resoluto se dijo: "Yo no beberé sangre". (T.H.).

(La ingestión de sangre –lo sagrado prohibido– está condenada en la Torá. Saint-Exupéry nunca da puntada sin hilo: "Porque la vida de la carne es la sangre, y yo os he mandado ponerla sobre el altar para expiación de vuestras almas. Por eso he mandado a los hijos de Israel: Nadie entre vosotros ni de los extranjeros que habiten en medio de vosotros comerá sangre". (Le.17; 11,12).

El agua de la fuente y el agua del pozo cumplen con sus respectivas misiones y con el simbolismo que en el cuento se les da. En ambas utilizaciones el acto de beber agua proporciona un gran placer, un deleite que va más allá de los sentidos corporales; es un gozo para el alma... El agua, en lo espiritual se ha utilizado para ritos y liturgias, es el "Agua lustral, el agua de expiación". (El *Mikvé* baño ritual judío que purifica el cuerpo y libera el alma antes de entrar en el Templo para convocar al Eterno. Ha de ser de agua corriente, continúa como la del río). El agua es rica en minerales indispensables a la vida, pero no posee ningún encanto si no es, en primer lugar, un regalo de la buena voluntad de los hombres. El agua es algo más que un alimento. La fuente y el pozo contienen un tesoro que se valoriza por el esfuerzo y la voluntad de ofrecerlo como un regalo, como un don. Esas metonimias, esas figuras retóricas las suele emplear Saint-Exupéry para hacernos reflexionar sobre el valor de las cosas; que han de ser ordenados según una escala que nos sirva de guía.

En el desierto el pozo cumple perfectamente con su cometido. El aviador, informado por el deseo del principito, comprendió de la doble misión que realiza el agua: apagar la sed de los que sufren de ella y apaciguar el corazón del amador. La búsqueda de un pozo se funda en el sacrificio que se hace necesario para amar. Aquí, el agua es como una oración que conduce a la amada... El agua del pozo irradia en todo el desierto. "Un pozo lleva tan lejos como el amor". La búsqueda de un pozo se funda en el sacrificio necesario que se debe hacer para amar. El agua es como una oración que conduce a la amada...

Saint-Exupéry se acordaba de la conversación con el Caíd:

–Hoy hemos soportado la sed. Y ese pozo que conocíamos, que hemos descubierto sólo hoy, irradia en la vasta extensión. Una mujer invisible puede encantar también toda la casa. Un pozo lleva tan lejos como el amor. (C.D.).

El aviador se acordaba también de las palabras del comerciante vendedor de píldoras para calmar la sed, con cierta inquietud, porque se había bebido la última gota del agua que llevaba como provisión y temía lo peor para él y para el principito. El piloto, informado por el deseo del principito, le dará satisfacción buscando, sin convicción, un pozo invisible, pero oculto en las profundidades de la capa freática. Y le dará satisfacción buscándolo juntos. "El principito nunca tenía hambre, ni sed. Un poco de sol le era suficiente".

Pero el aviador no había reparado aún su avión y, con un gesto de lasitud, le dijo: "Es absurdo buscar un pozo, al azar, en la inmensidad del desierto"... Y sin embargo se encaminaron hacia él., porque el principito, ahora estaba sediento, pero por otras razones; y se contentó con decir: es que él también tenía sed...

Aunque el piloto aún no había reparado la avería de su avión, lo único que acertó a decirle es que él también "se sentiría muy dichoso ¡si pudiese caminar lentamente hacia una fuente!".

–¿Por qué?, preguntó el principito.
–Porque vamos a morir de sed...

El principito no comprendió bien esas palabras porque estaba pensando en otra cosa. No obstante ambos se encaminaron en busca del pozo... Luego de caminar durante horas en silencio, anochecía y las estrellas empezaban a iluminarse. El piloto se convenció de que el principito también tenía sed...

–El agua también puede ser buena para el corazón.

Se lo repite el principito. Pero el aviador no acertó a comprender lo que quiso decirle con esas palabras.

Sin embargo, el agua estaba allí subterránea invisible. En el desierto el pozo sonríe al camellero y con él todo es sonrisas y si los dromedarios supieran reír también lo harían. El agua es una recompensa: "Así es la de un pozo vivo en el desierto como un regalo, jamás del todo esperado". (C.D).

El agua, para los camelleros y los dromedarios, es regocijo; aquí se trata de necesidad vital, pero para el principito es amor. Ahora ya el pozo y la arena se anudaron en su significado gracias a un simple agujero entre la superficie arenosa y el manto de agua. Los dos, principito y piloto, se encontraron en un ceremonial que era un cántico poético.

La metáfora del pozo tiene el significado que sirve para apagar la sed y para proporcionar satisfacción y regocijo al espíritu; tiene la misma significación que el agua lustral o el agua consagrada, cuyo fin es la purificación del cuerpo y del alma... El agua es un símbolo como significante con al menos los dos significados que hemos dicho, pero aún tiene más...

Después de un largo silencio, el principito dijo:

–Las estrellas son bellas a causa de una flor que no se ve...
–El desierto es hermoso... Agregó.
–Lo que lo embellece es que guarda un pozo en alguna parte...

El aviador, "de repente fue sorprendido de esa misteriosa radiación de la arena". Y se sonrió acordándose de que cuando era niño vivía en una casa antigua que la leyenda decía que tenía escondido un tesoro.

Nuevamente piensa en lo que le dijo el zorro al principito... Éste es el leitmotiv que repetidamente nos sugiere el cuento. La metáfora, el simbolismo del tropo, es bien explícito y no necesita más explicaciones, aunque tenga muchos más significados. El principito, agotado de tanto caminar, se quedó dormido y "se entrega al sueño profundo como en la paz de un vientre materno, como el amigo que lleva al niño desvalido hacia su destino final en la tierra". El aviador lo tomó en sus brazos al tiempo que pensaba que bajo esa piel irradiaba un alma invisible que llevaba en sus brazos hacia el pozo... Y después de una larga reflexión, se dijo: "Lo que yo veo aquí no es más que una concha. Lo importante es invisible".

El alma pronto dejará la Tierra y se elevará hacia las alturas siderales al encuentro de su planeta, de su flor... El piloto tuvo un pensamiento muy revelador: "Lo que me da tanta emoción en este principito es esa fidelidad por una flor en la imagen de una rosa que irradia como él, como la llama de una lámpara, cuando duerme". (V.N.).

Entonces es cuando el aviador empezó a comprender el lenguaje simbólico del principito y se da cuenta que ha envejecido meditando sobre las palabras. El principito le rogó que mantuviese su promesa de dibujarle un bozal para el cordero. Y le confesó que al día siguiente sería el aniversario de su llegada a la Tierra. El aviador, después de reflexionar le dijo:

–Entonces, ¡No fue por casualidad que la mañana en que te conocí, hace ocho días, tú te paseabas sólo, a mil millas de todas las regiones habitadas! ¿Retornabas hacia tu punto de caída?

Es muy revelador el pensamiento que nació en el aviador cuando lo llevaba en brazos hacia el pozo...

El principito le sorprendió de nuevo, diciendo:

–¡Yo soy responsable de mi rosa!

Inevitablemente el aviador presintió lo irreparable y le embargó la idea de la soledad en que quedaría a la marcha del principito. Se quedaría sólo en ese desierto de arena; en ese desierto que es la Tierra tan poblada de gente sin futuro (los que viven en un presente material llevando una vida monótona y estúpida; una vida sin "Hoja de Ruta" que le llevaría más allá de su rutina cotidiana). Cuando Saint-Exupéry se hallaba en el Sahara solía sentarse sobre una duna y no veía nada cuando miraba. No se oía nada. Y sin embargo algo irradiaba en el silencio. Fue entonces, al recordarlo, que de repente comprendió el hermético misterio de la irradiación de la arena...

Caminando sin cesar descubrieron un pozo al amanecer. Ese pozo se parecía a los de su pueblo. Mientras que los saharianos son simples agujeros en la arena, el suyo tenía polea, roldana, cubo y cuerda... En su ensoñación vio que al tocar la cuerda se movió la polea, que gimió como una vieja veleta cuando el viento se ha dormido durante mucho tiempo.

–¿Oyes ese ruido? –dijo el principito–. Estamos despertando este pozo y se despierta cantando.

El principito tenía sed y le pidió de beber diciéndole:

–Los hombres de tu planeta cultivan cinco mil rosas en un solo jardín... Y no obstante no encuentran lo que buscan.

–Lo que los hombres buscan podría hallarse en una sola rosa o en un poco de agua. Pero los ojos están ciegos, hay que buscar con el corazón. (P.P.)

El aviador se acordó de la tristeza que a veces embargaba al principito. Éste se había franqueado con él cuando le contó su pequeña vida melancólica (antes de la aparición de la flor). Le dijo que su distracción preferida por entonces consistía en ver "la dulzura de las puestas de sol" y que un día se encontraba tan triste y solo que ¡Contempló una puesta de sol cuarenta y tres veces! El principito no podía soportar la soledad... Se le acumulaban los recuerdos de las conversaciones con los personajes con quienes departió confidencias y que, lo que más le apenaba, era el alejamiento de su planeta, sobre todo de su flor... En una ocasión el principito se sintió de nuevo tan triste que le pidió que fuesen a ver una puesta de sol...

La tristeza es un sentimiento imposible de reprimir. Solamente se da en las personas muy sensibles; las más de las veces a causa de la ausencia del ser querido... El principito sentía ausencias y añoranzas de su flor no sin dolor.

(Algo parecido reflexionaba Cervantes cuando escribió aquello de "Aunque pensáis que me alegro, conmigo llevo el dolor").

XXV

El áspid

*Pongo eterna enemistad
entre ti y la mujer.
Esta aplastará tu cabeza
Y tú le morderás el calcañar.*
(Gé. 3; 15)

La serpiente, de un modo general ha sido considerada desde remotos tiempos como un símbolo esencial. Las civilizaciones más importantes la han tratado con sumo respeto, adoración y temor por las connotaciones que tiene; quizá la más importante sea su participación en la Creación del Mundo. De ella se habla en los mitos de los pueblos más significativos como eran los hindúes, los judíos, los egipcios, los mesopotámicos, los países mesoamericanos, etc. En todos ellos la serpiente simbolizaba la potestad en todas sus actuaciones. Era la serpiente de la luz (por su Sabiduría) y de la oscuridad (por su ocultación en el seno de la Tierra). La serpiente primigenia tiene dos facetas: transmisión de la vida y vehículo de la muerte. Son la Boa y el Áspid de las que Saint-Exupéry nos habla en *El Principito.* Para ello ha utilizado, como era su costumbre, una metáfora de la que cada lector puede sacar los significados que le sean más útiles para sus conclusiones. Sea como fuere las serpientes, su presencia, no deja a nadie indiferente.

Ya hemos visto cómo se distinguen aquí la Boa del Áspid porque sus papeles son totalmente diferentes… En el cuento, la Boa es solamente depredadora mientras que el Áspid cumple otras diferentes funciones: resolver enigmas, instruir, ser mediadora entre el más acá y el más allá… La primera se alimenta para vivir: es únicamente una voraz glotona, mientras que la segunda tiene otras connotaciones, la una representa el materialismo más primario mientras que la otra se ocupa de ayudar a morir que es trascendente. En suma los dos ofidios son el eslabón principal del eterno retorno…El áspid está provisto de fuerza liberadora… No mata por matar sino cuando ella se siente en peligro.

El principito se apiada del áspid a quien ve endeble por ser tan delgado como un dedo y no tener patas y no poder viajar… Pero el reptil le dice:

—Soy más potente que el dedo de un rey. Te puedo llevar más lejos que un navío… Aquel a quien yo toco lo envío a la tierra de la que salió. Pero tú eres puro y vienes de una estrella… Me das pena, tú tan débil, en esta

Tierra de granito. Yo puedo ayudarte si echas de menos a tu planeta. Yo puedo... (P.P.)

El principito es tan sensible que es capaz de saber lo que se oculta detrás de las palabras del reptil; comprendió muy bien la enigmática respuesta, que aunque sencilla es el modo de expresarse el áspid. Éste simboliza la Sabiduría, la ciencia, el bien y el mal. Está presente en muchas alegorías de los pueblos más primitivos, desde Asia hasta América pasando por Europa. Esta metáfora simboliza el poder y la toma de conciencia que el hombre puede llegar a adquirir con la introspección, con su propia construcción de hombre nuevo. En el caso que aquí nos trae, en el cuento, la serpiente es la que despierta en el principito un interés creciente puesto que ella comprendía, sin explicación alguna, la belleza de las estrellas, la dificultad del principito con su flor, la soledad en la que viven los hombres... El áspid le propone al principito un medio que le sirva para regresar al planeta del que salió, y éste, no sin cierto temor de sufrir, lo acepta y toma una cita con ella cuando se cumpla el aniversario de su llegada a la Tierra.

En este caso concreto el áspid que halló el principito, apenas arribado a la Tierra, se convirtió para él en un consejero que le aleccionó sobre lo que debía realizar cuando conociera los problemas de los hombres. Sabiendo que el principito regresaría algún día al desierto para emprender el viaje de retorno a su planeta le propuso llevarlo hasta... Su flor. Por eso acudió a la cita con puntualidad y allí esperó el ofidio a que el principito acabase su conversación con el aviador...

Esta metáfora de la serpiente parece ser como el resumen de la meta que se fijó el principito desde el viaje que emprendió al marcharse de su pequeño planeta... Ha saciado su sed de tener amigos, de ver, de conocer, de comprender y, en fin, de dar a su vida una escala de valores... Se marchó de la Tierra sin pesar aún dejando en ella a dos amigos para siempre: el zorro y el aviador... O bien, ¿es el aviador quien ha salido ganando aprovechando el saber adquirido por el principito?

XXVI

La muerte

Cuando somos, la muerte no está;
y cuando está ya no somos.
(Epicuro)

Todos estamos atraídos
por la muerte.
(S. Freud)

El aviador aspira también a su porción de perpetuidad. Cree que el principito se ha reunido con él ya para siempre en la eternidad, aunque ésta dure sólo un instante y se eternice con él, incluso si ese placer *Ne dure qu'un moment*. (Como el placer de amor del aria clásica). Los dos ya están mirando en la misma dirección. Los dos son uno...

No pretendo en modo alguno tratar de estudiar ninguno de los aspectos referentes a la ontología, como tampoco a ninguna de las concepciones de la realidad y del ser. Dejo este serio asunto para especialistas en esas cuestiones tan circunspectas. Las sociedades pretéritas, las sociedades "tradicionales", bien que mal, son las que nos han transmitido –sin solución de continuidad– las creencias más antiguas de Asia, África y Oceanía y aún del continente americano referente a sus creencias, mitos y ritos de los que nos quedan aún grandes dosis de ganga o lodo, que como poso indeleble, quedó adherido a las creencias religiosas y metafísicas que aún perduran en las culturas más avanzadas.

La muerte está rodeada de mitos y de ritos que quieren simbolizar la realidad última de todas las cosas, de todos los seres vivientes, desde la más pequeña brizna hasta la más compleja de todas las vidas que pueblan la Tierra, este planeta que también está condenado a morir a pesar de que la "Vida" se produjo en su seno. Es muy importante para el hombre intentar comprender el sentido profundo que el símbolo encierra con sus múltiples contenidos con los que el hombre intenta penetrar en la existencia ulterior de todas las cosas que le rodean y que aparecen en su mente de forma aún virtual. Evidentemente nosotros debemos saber que las sociedades primitivas que nos han precedido no poseían un lenguaje tan extenso como el que hoy disfrutamos, porque éstos tienen una existencia muy cercana a nosotros. No obstante los mitos y los símbolos nos siguen transmitiendo de modo coherente sus significantes primigenios y duraderos. Al igual que los primitivos los hombres, de siempre, se han planteado los mismos problemas sin hallar solución otra que la fe en otra vida. El hombre primitivo abolía la Historia porque creía más firmemente en la regeneración periódica del tiempo. En otras palabras creía en el Eterno Retorno porque así lo sentía en cada estación del año, donde las plantas y los animales se reproducían al ritmo que les marcaba su destino.

Los egipcios dedicaron varios libros a la muerte, al más allá; los mejicanos todavía hoy celebran a la muerte con gozosa alegría… Dicho lo cual hemos de convenir que la Muerte es un misterio, es el problema que no ha podido ser resuelto por nadie. Enfrentarse a ella ha sido y sigue siendo la mayor lucha a la que se ha visto abocada la humanidad. El ser humano es el único que ha tomado una actitud activa frente a ella. No la acepta; lucha por la vida y por mantenerla entre todo lo viviente. En un acto de rebeldía el hombre se quiere enfrentar a ella intentando alargar incluso su propia vida por los medios que se ha dado: ritos más o menos sacralizados, pócimas, elixires de larga vida, *aqua vitae*, brebajes, remedios, medicamentos, transfusiones de sangre y operaciones quirúrgicas que sólo han conseguido prolongar por un corto espacio de tiempo el ciclo vital. La Medicina, hablando con propiedad no tiene otro fin. Tal enfrentamiento no conducirá al hombre a la vida eterna… Nadie acepta de grado la muerte si no es por mor de otra vida, de otro modo de existencia. Para algunos la muerte es el punto final, para otros es el principio de otra existencia. Ninguno ha podido obtener una respuesta válida y creíble fuera del ámbito de la fe. ¿Fueron las muertes del principito y de Saint-Exupéry profética o simplemente destino común?

Saint-Exupéry exalta en toda su obra un canto al humanismo heroico, a la acción positiva.

No tenéis derecho a evitar un esfuerzo sino en nombre de otro esfuerzo, porque debéis crear. (…). Los pilotos son hombres de acción, del acontecimiento en marcha… Lo esencial es siempre la acción. (C.D.).

La acción libera de la muerte individual y empuja al hombre hacia la vida eterna, es decir la no vida. El principito y el piloto tienen el mismo destino, ambos se marchan de la Tierra llenos de esperanza; sus memorias quedarán entre nosotros y se salvarán del olvido. La muerte sólo acabó con sus vidas en la Tierra, pero su memoria perdurará; obtendrán la gloria de los "inmortales" al legarnos sus obras.

El principito sabe que va a morir, y que seguirá viviendo –ahora para siempre– junto a su rosa…Y ambos con el aviador.

Al despedirse del piloto, éste le confesó su alegría porque había conseguido reparar su avión, gracias a lo cual también él podría regresar a su hogar. También el principito podía volver a su planeta, cuyo regreso era más difícil que el del piloto, porque estaba muy lejos…A éste lo que más le apenaba era no poder seguir oyendo su risa, que le parecía como una fuente fresca en el desierto… El principito, acordándose del zorro, le dijo que:

–Lo que importa es lo que no se ve… Si amas a una flor que se halla en una estrella, es muy dulce, en la noche, mirar al cielo. Todas las estrellas están floridas…Es como el agua, siguió diciéndole, la que tú me has dado a beber es como una música.

—¿Lo recuerdas? Era muy buena. Te gustará ver, en la noche, las estrellas. Todas ellas serán tus amigas.

Entonces, el principito le dio, como recuerdo, un último regalo: una sonora y dulce risa. "¡Tendrás estrellas que saben reír! porque yo reiré en una de ellas", le dijo todo contento.

Había cometido un error el aviador al querer acompañar al principito; tendría pena. Le parecería que estaba muerto, pero no era verdad. "El cuerpo es muy pesado y no puedo llevarlo conmigo. Te parecerá como si fuese una vieja cáscara, una vieja concha de molusco… Las conchas viejas no son tristes…" le dijo. Y al despedirse definitivamente repitió de nuevo que ¡era responsable de su flor!

Al morderle el áspid en el calcañar se establece un punto de partida en el piloto y un punto final en el principito. "Sólo hubo un resplandor dorado en su tobillo… y el principito cayó suavemente como cae un árbol, sin ruido, a causa de la arena". El cuerpo del principito se fundió con la arena. Esa imagen era el reflejo de él mismo: murió el hombre viejo y renació el hombre nuevo. El aviador comprendió que el principito entregó su vida por regresar al amor.

El único ruego que hace Saint-Exupéry, el aviador-narrador, es el que hace a los que por allí cerca, en el paisaje dibujado, se le apareció y desapareció en la Tierra, el principito. Podría darse la circunstancia de que alguien reconociera ese paisaje, cosa que de acontecer, Saint-Exupéry pide a sus lectores lo siguiente:

> *Mire atentamente este paisaje con el fin de recono-cerlo si usted viaja un día a África, en el desierto y si pasa por allí, se lo suplico, no tenga prisa; espere un poco, ¡justo bajo la estrella! Si un niño viene a usted, si ríe, si tiene los cabellos de oro, si no res-ponde cuando se le interroga, usted adivinará quién es. ¡Entonces, sea amable! No me deje tan triste: escríbame que ha vuelto. (P.P.).*

Sin decirlo les daba cita en una estrella: la suya. Como no precisó cual era donde vivía, en cualquiera de ellas les sonreiría.

Saint-Exupéry no tenía miedo a la muerte. La muerte le era:

> *Vertiginosamente indiferente. Me da igual si muero en la guerra. (T.H.). Fríamente ironiza sobre la derrota o sobre la victoria: La victoria será de quien se pudra el último. El vencedor será aquel que so-brevivirá. (L.O.). La muerte es una gran cosa. Una nueva red de relaciones con la ideas, los objetos, las costumbres del muerto. (P.G.).*

El desierto es el primer y último protagonista de *El Principito.* Ya sabemos que en el Sahara comienza y acaba el cuento que nos ata y obliga a conocer al prin-cipito (al Hombrecito, al Rey Sol, a Pica-la- Luna...). La Rosa, el poeta-aviador, y a Saint-Exupéry de quien de por siempre guardaremos memoria infinita y gratitud.

No tardarían muchos años para que Saint-Exupéry, el aviador y el principito dejaran esta Tierra maldita para siempre. Esta trinidad, este conjunto de personajes conforman un solo ser. Son la misma persona. Nos quedó grabada para siempre la extraordinaria aventura que los tres vivieron y que nos han dejado, para nuestro gozo y reflexión, la epopeya de sus vivencias, de sus experiencias. Saint-Exupéry nos lo da en el extraordinario cuento cuya narración está llena de contenido; es un relato lírico, al tiempo que épico, que nos puede servir de ejemplo para llevar una vida ejemplar.

Ya hemos visto cómo Saint-Exupéry desapareció un aciago día en el desierto salado del mar de Liguria… Se cree que abatido por un caza alemán pilotado por un joven bisoño que hacía su primer vuelo… Se dijo que un pescador encontró un cuerpo humano que se atribuyó a Saint-Exupéry, pero nunca fue probado… También se especuló que habían hallado su reloj y parte de la carlinga del avión… Recientemente en la prensa europea dos ancianos pilotos de la Luftwafe declararon que habían sido ellos los que abatieron el avión. (No sabemos si con la intención de "entrar en la Historia"). Parece casualidad pero no lo es. Saint-Exupéry, el aviador y el principito desaparecieron para siempre en silencio, dejándonos el más maravilloso de los regalos.

Todo lo consignado más arriba me lleva a considerar que, al quedar solo el piloto y constatar que el principito desapareció bajo la arena, él lo integra de nuevo en su ser, lo aúna consigo. Entonces, la Trilogía se vuelve a convertir en Unidad…

Breve conclusión

Mi opinión concluyente más plausible que sugiero es que veamos en *El Principito* como un poema, una alegoría poética repleta de contenidos simbólicos, de metáforas con los que Saint-Exupéry nos quiere expresar la grandeza contenida en el ser humano, en la humanidad.

El cuento también refleja las vivencias de su autor, su biografía, con un denso contenido espiritual y poético; está repleto de sugerentes significados para que el lector más avisado y perspicaz pueda hallar en él lo que más le resulte. En este sentido el relato, en su conjunto, cada cual puede hallar en él lo que con más le inspire...Y si la comparación no fuese odiosa diría que *El Principito* –en su conjunto– es como la caja que encierra el borrego que dibujó el aviador...

El lenguaje empleado está muy depurado; rico en matices al tiempo que sobrio y esencial. Saint-Exupéry es un hombre de espíritu abierto y para su obra ha acopiado los materiales suficientes para la construcción del hombre –y la mujer, *il va de soi!*– que preconiza y deseen construirse... Saint-Exupéry no escribió el cuento únicamente para los niños, sino que va destinado al niño que los adultos llevamos dentro... Su nobleza no es solamente heráldica –que también–; está rebosante de tolerancia y amor a todos los seres humanos. Quizá por ello *El Principito* ha sido traducido a más de doscientas lenguas escritas que hay en la Tierra, donde por doquier es aceptado con el mismo agrado y entusiasmo; y admiración... Esto le da otro título: es universal.

Frases y nombres en la Torá que inspiraron a Saint-Exupéry para "El Principito"

Nota bene. He escogido del Antiguo Testamento de la Sagrada Biblia, en la Torá, los que me han parecido que guardan relación directa con los personajes y tipos en *El Principito*. Y estoy convencido que con ellos Saint-Exupéry bordó una espléndida alcatifa.

Esa y no otra es la razón que sin duda movió al poeta-piloto a escribir no un cuento para niños, sino una bella alegoría sobre el amor al prójimo, pues repite muy a menudo su deseo de construirlo con los materiales que le ofreció el Libro Sagrado, el de su civilización...

Saint-Exupéry insiste en que "No me gustaría que se leyese mi libro a la ligera". Y, en esto me quedo...

Lo que a continuación sigue se halla en los capítulos y versículos de la Sagrada Biblia:

Sobre la Soledad. "No es bueno que el hombre esté solo, voy a hacerle una ayuda semejante a él". (Gé. 2; 18).

Sobre el Amor. "Amarás al prójimo como a ti mismo". (Le: 19; 18).

"Antes de tu muerte haz bien a tu prójimo, y según tus posibles, abre tu mano y dale". (Ec. 14; 13).

Sobre el Áspid. "... y tú le morderás en el calcañar". (Gé: 3; 15).

Sobre la Sangre. "Yo me volveré contra el que come sangre y le borraré de en medio de su pueblo". (Le. 17; 10).

(Saint-Exupéry, sediento en el desierto de Libia y en peligro de muerte dice: "No beberé sangre".)

Sobre los Ídolos. "No vayáis tras los ídolos y no hagáis dioses fundidos". (Le: 19; 4).
(Saint-Exupéry afirma que "No son de mi civilización").

"¡Desdichados los que han puesto sus esperanzas en los muertos / Cuantos llaman dioses a las obras de sus manos! Oro y plata de artífices, imágenes de animales, o piedra inútil de mano antigua". (Sa. 13; 10).

Sobre la Pereza."Hasta cuando perezoso dormirás! ¿Cuando despertarás de tu sueño?" (Pr. 6; 9).

Sobre la Amistad. "Hay amigos que sólo son para dar compañía, pero los hay más afectos que un hermano". (Pr. 18; 24).

"Sé fiel al amigo en su pobreza, para que así goces de sus bienes en la prosperidad". (Ec. 22; 28).

"El amigo es una defensa, el que lo ha encontrado ha encontrado un tesoro". (Ec. 6; 14).

"No abandones al amigo antiguo, que el nuevo no valdrá lo que él". (Ec: 9; 14).

Sobre la Humanidad. "¿Cuál es la progenie honrada? ¡La progenie humana!" (Ec: 10; 23).

Sobre el Borracho. El vino,"Entrase suavemente, pero al fin muerde como sierpe y pica como áspid". (Pr. 23; 22).

Sobre la Educación. "Corrige a tu hijo y te dará contento y hará las delicias de tu alma". (Pr. 29; 17).

Oro. Ricos-hombres. "Que el oro puede mucho, y pervierte el corazón de los reyes". (Ec. 8; 3).

"El que ama el oro no vivirá en justicia/ y el que va tras el dinero pecará por conseguirlo". (Ec. 31; 15).

Tres cosas gratas. "En tres cosas gratas se complace mi alma, hermosas ante el Señor y los hombres: La concordia entre hermanos, la amistad entre prójimos y la armonía entre mujer y marido". (Ec. 25; 1 y 2).

Sobre el Geógrafo. Explorador. "Manda a algunos hombres a explorar la tierra que voy a daros". (Nú. 13; 2).

"Observad la tierra cómo es y qué gente la habita". (Nú: 13; 19).

"Haz un censo de toda la asamblea de los hijos de Israel, por linajes, por familias". (Nú. 1; 10).

"Enumera a los hijos de Leví, según sus linajes y familias". (Nú. 3; 14).

Sobre el Rey. "No podrás darte por rey un extranjero que no sea tu hermano". (De. 17; 15).
(El principito no quiso servir al rey).

Sin pretensión alguna por mi parte, creo haber demostrado que en la Biblia (en sus personajes) pudo haberse inspirado Saint-Exupéry para escribir *El Principito*. Por esa razón no es un cuento para niños, sino una bella alegoría sobre el amor al prójimo, sobre el dolor que le causa la ignorancia y la guerra. Y sobre la suprema aspiración de querer construir al hombre desde dentro. "Hay que movilizar el espíritu, ponerlo en movimiento. Hay que despertar lo desconocido que duerme en el hombre y no es otra cosa que él mismo". (Cita de Luc Estang).

Bibliografía

Azcárate, P. P.: *Diálogos.* EDAF: Madrid, 1962.

Bachelard, G. : *La psychanalyse de feu.* Édit.Idées-Gallimard, 1949.

Beigbeder, O.: *La simbología.* Edic. Oikos-Tau. Barna, 1970.

Bergua, J.: *Pitágoras.* Ediciones Ibéricas. Madrid, 1958.

Carrel, A.: *La incógnita del hombre.* Barcelona, 1975.

Condorcet, M.: Bosquejo de un cuadro histórico. Madrid, 1960.

Dupuy, R.: *La foi d'un francmaçon. Librairie Plon.* Paris,1975.

Eliade, Mircea. Images et symboles. Editions Gallimard. 1952.

Eliade, M.: *Le sacré et le profane.* Édit. Gallimard. Paris. 1965.

El Kybalion. Editorial EDAF. Madrid, 1978.

Godoy Alcántara, J.: *Apellidos Castellanos (1871).* Edición facsímil de editorial MAXTOR. Valladolid, 2004.

Ifrah, G.: *Las Cifras.* Alianza Editorial, S.A. Madrid, 1987.

Jung, Carl G.: *El hombre y sus símbolos.* L.Caralt. Barcelona, 1977.

Mendoza y Bovadilla, F.: *El Tizón de la nobleza española.* Edición facsímil: Libr. PARÍS-VALENCIA, 2005.

Monroy, J.: *La Biblia en el Quijote.* Editorial Literaria Evangélica (CLIE). Tarrasa (Barcelona), 2005.

Sagrada Biblia. Biblioteca de Autores Cristianos. Madrid. 1952.

Stang o Estang, Luc. *Saint-Exupéry visto por sí mismo.* Editorial Magisterio Español. Madrid, 1971.

Saint-Exupéry. *Le Petit Prince.* NRF. Editions Gallimard. Paris, 1946.

Así como las obras de Saint-Exupéry citadas en las abreviaturas.